मदन डागा

मदन डागा का जन्म 10 अक्तूबर, 1933 को जोधपुर, राजस्थान में हुआ। उन्होंने जोधपुर विश्वविद्यालय से एम.ए. (हिन्दी) और पी-एच.डी. किया। वे जोधपुर विश्वविद्यालय के सीनेटर, राजस्थान लेखक संघ के महामंत्री, एस.एम.एस.एस. एम्प्लॉइज यूनियन, जोधपुर के उपाध्यक्ष, सोवियत सांस्कृतिक संघ, साहित्य संगम, जोधपुर के सचिव समेत कई महत्त्वपूर्ण पदों पर रहे।

जीवन-यापन के लिए सड़कों पर हॉकर बने, दुकानों में काम किया, सरकारी सर्वे करने गाँव-गाँव भटके, फिर स्कूलमास्टरी की। कमला नेहरू गर्ल्स कॉलेज, ला. मे. कॉलेज ऑफ साइंस, जोधपुर विश्वविद्यालय तथा सो. कॉमर्स कॉलेज आदि में अध्यापन किया। छात्र-जीवन से ही विभिन्न आन्दोलनों में सक्रिय रहे। धरने दिए। घेराव किये, पुलिस की लाठियाँ व जेल की हवा भी खूब खाई। वे बहुचर्चित छात्रनेता रहे तो विद्यार्थी-प्रिय शिक्षक व जनप्रिय लेखक भी। रचनाएँ पोस्टर बनीं तो आकाशवाणी से प्रसारित होते काटी-छाँटी व आपातकाल में रोकी भी गईं। अनेक भाषाओं में अनूदित हुईं। उनकी रचनाएँ जन-संघर्षों का हथियार बनीं।

उनकी प्रकाशित पुस्तकें हैं—'आँसू का अनुवाद', 'सीपी का सैलाब', 'साहित्यकार व साम्प्रदायिकता अजानी सलीबों पर', 'धौरां भाई वोल्गा', 'सीपी-मुक्ता', 'सावचैत रैणो है', 'कुर्सीप्रधान देश', 'शाकाहारी कविताएँ', 'यह कैसा मज़ाक़ है व अन्य कविताएँ' आदि।

29 अप्रैल, 1985 को मुम्बई में निधन।

गोविन्द माथुर

14 अप्रैल, 1959 को ब्रज की धानी ड़ीग में जन्मे गोविन्द माथुर ने अपनी स्कूली शिक्षा उदयपुर से शुरू करके जोधपुर में पूर्ण की। जोधपुर विश्वविद्यालय के विद्यार्थी रहते हुए वामपन्थी आन्दोलन से जुड़ाव और जनवादी साहित्य से लगाव हो गया। विधि स्नातक की उपाधि प्राप्त करने के पश्चात् 1983 में जोधपुर में विधि व्यवसाय प्रारम्भ किया। सितम्बर 2004 में राजस्थान उच्च न्यायालय के न्यायाधीश और 14 नवम्बर, 2018 को इलाहाबाद उच्च न्यायालय के मुख्य न्यायाधीश नियुक्त हुए। व्यक्तिगत स्वतंत्रता, संवैधानिक अधिकारों और मानव अधिकारों के संरक्षक के रूप में उनकी पहचान रही। 13 अप्रैल, 2021 को सेवानिवृत्ति के बाद से जोधपुर में ही प्रवास।

यह कैसा मज़ाक़ है व अन्य कविताएँ

मदन डागा

संकलन

गोविन्द माथुर

राजकमल प्रकाशन

राजकमल पेपरबैक्स में
पहला संस्करण : 2023

राजकमल पेपरबैक्स : उत्कृष्ट साहित्य के जनसुलभ संस्करण

राजकमल प्रकाशन प्रा.लि.
1-बी, नेताजी सुभाष मार्ग, दरियागंज
नई दिल्ली-110 002
द्वारा प्रकाशित
शाखाएँ : अशोक राजपथ, साइंस कॉलेज के सामने, पटना-800 006
पहली मंजिल, दरबारी बिल्डिंग, महात्मा गांधी मार्ग, प्रयागराज-211 001
1, अनमोल सोराबजी संतुक लेन, धोबी तलाव, मरीन लाइंस, मुम्बई-400 002
वेबसाइट : www.rajkamalprakashan.com
ई-मेल : info@rajkamalprakashan.com

बी.के. ऑफसेट
नवीन शाहदरा, दिल्ली-110 032
द्वारा मुद्रित

मूल्य : ₹250

YEH KAISA MAJAK HAI VA ANYA KAVITAYEIN
Poems by Madan Daga
Compiled by Govind Mathur

ISBN : 978-81-19159-93-2

एपीटाफ़

मैंने
इसीलिए आँसू नहीं टपकाया
कि आँख की एक बूंद
ज़ुल्म के आगे पूर्ण विराम-सी खड़ी
देह के पाँव तले गिरकर
उसे विस्मयादिबोधक चिह्न न बना दे!

और अब
सांस थकने पर जो
ऊँटा-सा पसर गया हूँ मैं
यह न समझना कि मर गया हूँ मैं!

हकीकत में पसरने के बहाने
ज़िन्दगी को ही रेखांकित कर रहा हूँ मैं!
मैं, हाँ मैं
सर्वहारा मैं
तुम्हारा मैं!

कवि की हस्तलिपि में

क्रम

तर्पण के दो शब्द 9
यह कब सोचा था 13
आज़ादी गुनाह नहीं 19

कुर्सीप्रधान देश	23	61	सही क़दम
गोया ज़िन्दगी ज़िन्दगी न हो!	26	62	गोल्ड मेडलिस्ट
योर्स फ़ेथफुली	31	63	सवाल लाजवाब
बसन्त	34	64	अक्कड़-बक्कड़
आज़ादी गुनाह नहीं	35	65	वे भुखमरे नहीं
वोट देकर	39	66	पैसा
नक्सलवादी	40	67	हाथ लम्बे कहाँ?
अकाल	41	68	शबनम
यह कैसा मज़ाक़ है!	42	69	याद तुम्हारी
ग़ज़ल	44	71	बेहद प्यार
पत्रकार	45	72	कुर्सीपूजक
कविता मेरे लिए	46	73	इन्तज़ार
क़लमकार	48	74	आमरण अनशन
लेखक की ख़ामोशी	49	75	हाथों की रेख
पहला कवि नहीं हूँ	50	76	ज़मीन, ज़मीन होती है
दूसरों की रोटी के लिए	52	77	वह भूत नहीं भविष्य है
ज़ुबाँ की चोट	54	79	तीन हाइकु
महल-झोंपड़ी संवाद	57	80	लॉटरी ब्रांड समाजवाद
तानाशाह	59	82	सर्वजीता

वेइंग मशीन पर 83
हिटलिस्ट 84
पाँच हाइकु 85
दो शे'र 87
ग़ज़ल 88
जागते हुए सपने 89
यादें 90
जो तुमने दिये थे 92
अपनी ही आँखों में 93
ज़िन्दगी का लेखा 94
बसन्त क्या आया है 96
मेरा कुसूर 98
प्रजातंत्र में 100
वर्षा 101
शरद पूनो 102
फिर बसन्त आया है 103
सर्पविरोधी गीत 105
कुर्सी 106
भूख से नहीं मरते 107
नाइट लैम्प 108
नरक बेहतर है 110
दाएँ-बाएँ 111
ऐसे कीमियागर हैं वे 112
सच, कैसा अन्धेर है 118
पोस्टर 121
तुमने कहा था 122
गुमशुदा की तलाश 124
मैं महादेव नहीं 127
मैं अकेला नहीं 129
130 मैं धरती के कोनों में
132 रेखांकित हक़ीक़त
134 मरने के बाद
137 सही ज़मीन
138 बहुत चाहा
139 कविता का अर्थ
140 समाधि लेख

अन्य कविताएँ

143 नया अध्याय
145 जीवन की परिभाषा
147 पूरा सही मुहावरा
149 इतिहास-भूगोल
151 हमारा संविधान
153 भाषा
154 मुक्तक-1
155 मुक्तक-2
156 मुक्तक-3
157 मुक्तक-4
158 मुक्तक-5
159 मुक्तक-6
160 मुक्तक-7
161 मुक्तक-9
162 मुक्तक-10
163 मुक्तक-11
164 मुक्तक-12
165 मुक्तक-13
166 मुक्तक-14
167 मुक्तक-15

तर्पण के दो शब्द

जोधपुर, 7 अक्टूबर 1970; तीसरे हफ्ते की कोई तारीख। स्थानीय प्रगतिशील लेखक संघ की बैठक। यथा-अवसर कविता-पाठ। कुछ कविताएँ राजस्थानी में कुछ हिन्दी में। लेकिन विशेष रूप से ध्यान खींचा एक कविता ने। शीर्षक था 'कुर्सी प्रधान देश'। उठान ही कुछ ऐसी थी कि सोता हुआ श्रोता भी उठ बैठे—

पहले लोग सठिया जाते थे
अब कुर्सिया जाते हैं।
दोस्त मेरे
भारत एक कृषिप्रधान नहीं
कुर्सीप्रधान देश है।

फिर जिन पंक्तियों को बार-बार सुनाने के लिए कहा गया वे थीं—

प्रेम करने की एक उम्र होती होगी
चापलूसी करने की कोई उम्र नहीं होती।

इन पंक्तियों के लेखक थे डॉ. मदनलाल डागा। कुछ दिनों बाद यह कविता 'धर्मयुग' में छपी। जोधपुर के प्रगतिशील लेखकों की छोटी-सी दुनिया में काफी दिनों तक कविता की इन पंक्तियों पर चखचख रही—

इधर कुछ तथाकथित क्रान्तिकारी
हँसिये पर से हथौड़ा हटाकर
चमचा रख रहे हैं।

ठीक याद नहीं, लेकिन शायद ये पंक्तियाँ कविता में बाद में जोड़ी गई थीं। जो हो, इन पंक्तियों के लिए डॉ. डागा की प्रतिबद्धता पर कुछ लोगों ने सन्देह व्यक्त किया। डॉ. डागा उन आलोचनाओं को सुनकर मुसकराते रहे। कोई कमजोर आदमी होता तो शायद भटक जाता। वे फौलाद के बने थे।

जोधपुर के चार वर्षों के प्रवास में उनसे रोज नहीं तो अक्सर मुलाकात होती रही। उन्हें निकट से जानने का मौका मिला और मैंने जाना कि उनका जीवन-संघर्ष कितना कठिन था। उन संघर्षों में मन का कड़वा होना स्वाभाविक था। वह कड़वाहट उनकी कविताओं में भी है। लेकिन बड़ी बात यह है कि उस कड़वाहट को डॉ. डागा ने कविता का रूप दिया।

मुलाकात तो जोधपुर छोड़ने के बाद भी होती रही, लेकिन फिर कविताएँ सुनने का मौका नहीं मिला। कविता की चर्चा भी वे कम ही करते थे। बहुत दिनों तक यह पता भी न लगने दिया कि क्या लिख रहे हैं। सहसा पिछले साल यह शोक-समाचार मिला कि डॉ. डागा नहीं रहे।

डॉ. मदनलाल डागा नहीं रहे, लेकिन उनकी कविताएँ हमारे सामने हैं। ये कविताएँ स्वयं बोलती हैं। इन्हें मेरी या किसी और की भूमिका की जरूरत नहीं है। उनकी पत्नी श्रीमती सावित्री डागा के आग्रह पर मैंने जब इस काव्य-संकलन के लिए शुरू के दो शब्द लिखना स्वीकार कर लिया था, तो कविताएँ देखीं। पांडुलिपि से गुजरते हुए सहसा इन पंक्तियों पर दृष्टि अटक-सी गई—

मैं तो मरकर भी
धरती के उन कोनों में
धधकना चाहता हूँ
जहाँ सर्वहारा जीने के संघर्ष कर रहा है।

मैं तो मरकर भी
उनको दहशत में डालना चाहता हूँ
जो मेरी शवयात्रा में शरीक होकर
मेरी आकस्मिक मौत के प्रति
सहानुभूति दिखाना चाहते हैं
क्योंकि

मेरी लाश के प्रति सहानुभूति
मेरी ज़िन्दगी को मारी गई ठोकर
से ज़्यादा क्या मानी रखती है।

ये पंक्तियाँ पढ़ने के बाद, डॉ. डागा के प्रति कुछ भी कहने का साहस जुटा पाना आसान नहीं है। मैं उनकी शवयात्रा में शामिल न हो सका। सचमुच ही वह किसी की सहानुभूति के मोहताज नहीं हैं। वह एक योद्धा कवि थे और सहानुभूति किसी योद्धा का अपमान है। यह हिमाकत मैं न करूँगा। ये कविताएँ मदनलाल डागा का स्थायी स्मारक हैं। ऐसे कवि कम नहीं हैं जो सिर्फ़ एक मरणोत्तर प्रकाशित कविता-संग्रह से अमर हो गए। यह कविता-संग्रह ऐसा ही होगा, इसमें मुझे तनिक भी सन्देह नहीं है। आज बरसी के अवसर पर मैं इन थोड़े-से शब्दों के साथ अपने एक प्रिय कवि बन्धु का तर्पण करता हूँ।

—नामवर सिंह
जवाहरलाल नेहरू विश्वविद्यालय,
नयी दिल्ली

यह कब सोचा था

प्रस्तुत पुस्तक के प्रसंग में कुछ लिखने का सोचते ही भीतर-बाहर सभी कुछ इतना अधिक उद्वेलित हो उठता है या इतना जम जाता है, जो शब्दों की पकड़ में ही नहीं आता। उनके सम्पर्क में जिये तीन दशक लेखनी की नोक पर इस कदर लद जाते हैं कि कुछ लिखते ही नहीं बनता। यह कब सोचा था कि उनकी पुस्तक के प्रकाशन-पूर्व उनकी चिर अनुपस्थिति में मुझे लिखना होगा। लगता है, ज़िन्दगी की कहानी वस्तुत: स्याही से नहीं रक्त और आँसुओं से ही लिखी जाती है। उन्होंने जो कविताएँ अभावग्रस्त शोषित जन की पीड़ा से उद्वेलित हो आक्रोश की आग में सुलगते अन्तर व खौलते ख़ून से रचीं, उनके लिए मुझे भी आँसुओं से ही कुछ लिखना पड़ रहा है।

पिछले कई वर्षों से एक अनजानी बीमारी (कैंसर) उन्हें कमजोरी व थकान के रूप में हर क्षण घेरे रहती थी। ऊपर से नौकरी और जीवन के अनेक पक्षों से जुड़ी कार्य-व्यस्तता ने उन्हें जमकर लिखने व लिखी रचनाओं को प्रकाशित करवाने की आकांक्षापूर्ति का अवकाश ही नहीं दिया। उन्होंने साल-भर पूर्व 'यह कैसा मज़ाक़ है' शीर्षक से 83 पृष्ठ की पांडुलिपि तैयार की थी, जिसमें वे अपनी बहुप्रशंसित बहुचर्चित और प्रिय कविता 'कुर्सीप्रधान देश' को क्रम में प्रथम रखने का लोभ संवरण न कर सके थे। सम्भवत: इसलिए कि इस कविता की छोटी-सी कहानी भी बन गई थी। कविवर भवानीप्रसाद मिश्र के आग्रहपूर्ण आदेश पर यह कविता सन् 1972 में 'धर्मयुग' को भेजी गई। उत्तर में श्री धर्मवीर भारती का 15.9.72 का लिखा पत्र मिला कि 'इतना बेबाक और सटीक व्यंग्य कविता में आज बहुत कम देखने को मिलता है। बधाई!' 'धर्मयुग' में प्रकाशन के उपरान्त बिहार में भी जे. पी. के नेतृत्व में चलने वाले आन्दोलन में इस कविता की प्रथम व अन्तिम चार-चार पंक्तियाँ

लेकर (लेखक के नाम सहित) लाखो पोस्टर बनवाकर दीवारों पर चिपकाये गए। उस पोस्टर का ब्लाक 'धर्मयुग', 'दिनमान ऑर्गेनाइजर', 'ग्रामराज्य', 'पांचजन्य', 'टाइम्स ऑफ इंडिया' आदि हिन्दी-अग्रेज़ी के कई पत्रों में छपे इस पोस्टर के पर्चे भी संसद में फेंके गए।

कुछ वामपन्थी लोगों ने उन काव्य-पक्तियों का गलत अर्थ समझते हुए उनमें कम्युनिस्ट पार्टी को अपमानित करने की बात भी कही। किन्तु उनका आशय तथाकथित क्रान्तिकारियों पर व्यंग्य करना था जो उनकी वैचारिक निष्ठा के लिए अपने ही लोगों की आलोचना करने की प्रवृत्ति का प्रमाण था। इस प्रकार अनायास ही इस कविता का उपयोग जन-आन्दोलनों में किया गया। 'योर्स फेथफुली' भी राज्य कर्मचारियों की एक लम्बी हड़ताल के समय इसी प्रकार प्रयुक्त व प्रशंसित हुई। वे कविता की सार्थकता भी इसी में मानते थे कि वह गलत व्यवस्था, अन्याय व अत्याचार के विरुद्ध हथियार बन सके।

उनकी कविताओं में कुछ सन्दर्भ व शब्द बार-बार दस्तक देते हैं, जैसे— रोटी, भूख, आँसू, नेता, अफसर, कुर्सी आदि। सब फैशन के तौर पर या अकारण ही नहीं हैं। कहीं-कहीं इन शब्दों के व्यापक संवेदनात्मक प्रतीकार्थ भी हैं, और कहीं अभिधार्थ भी, परन्तु इसकी पृष्ठभूमि में उनके अपने जीवन के अनुभव हैं। बचपन में ही अपनी माता (श्रीमती जसोदा देवी) व पिता (श्री गुलीचन्दजी, जो अत्यन्त संवेदनशील, स्वाभिमानी और कुशाग्रबुद्धि व्यक्ति तथा समाजसेवी थे) का साया उठ जाने पर किसी अप्रिय पारिवारिक घटना व कुछ परिस्थितियों ने उनके सुकोमल, अतिभावुक किशोरमन को ऐसा आहत किया कि उन्हें पूर्ण स्वावलम्बी बनने का कठोर निर्णय लेने और अकेलेपन तथा अभावों के त्रासद पथ पर चलने को बाध्य कर दिया। लेकिन उनके दृढ़निश्चयी, स्वाभिमानी युयुत्सु मन ने प्रतिकूल परिस्थितियों से कभी हार नहीं मानी। उन्होंने निजी जीवन के साथ समाज में अपने चारों ओर आर्थिक अभावों को अन्तहीन आग में झुलसते, चीखते, मर-मरकर जीते, घिसटते लाखों लोगों की संवेदना को आँखों से देखा। लोकतंत्रीय व समाजवादी कहलाने वाले व्यवस्था तंत्र के नाटक के खलनायकों व धर्म के ठेकेदारों द्वारा गरीब, अनपढ़, भोली-भाली जनता पर किये जाने वाले जुल्मों को महसूसा किया। नेताशाही व अफसरशाही के मुखौटाधारी भ्रष्ट आचरणों को निकट से देखा और समझा। उनकी कविताओं में प्रयुक्त उपर्युक्त शब्दों व सन्दर्भों के मूल में जीवन की ये ही बद-रू सचाइयाँ हैं जो उनके तनावग्रस्त रहने का भी मुख्य कारण थीं।

छात्रजीवन से ही उन्हें वर्तमान शिक्षा प्रणाली के प्रति अनास्था, स्वाध्याय का शौक, वामपन्थी विचारधारा से सच्चा व गहरा जुड़ाव रहा। राजनीतिक व शैक्षणिक क्षेत्र में एक सफल, संघर्षशील, सूझ-बूझ वाले छात्र नेता की भूमिका-निर्वाह ने एक ओर उनके व्यक्तित्व को निखारा तो दूसरी ओर नौकरी के मार्ग को बाधित भी कर दिया। वामपन्थी विचारधारा को पूरी सचाई से प्रत्येक स्तर पर व्यावहारिक धरातल पर जीने की सजा इस देश के आज के वातावरण में कितनी कड़ी होती है, इसका प्रमाण है उनकी अवसादों से घिरी ज़िन्दगी व सुलगती जवानी की मूक कहानी जो रुला-रुला देती है।

अपनी किसी भी ज़रूरत के लिए वैचारिकता व सैद्धान्तिकता से समझौता करना तो उन्होंने सीखा ही नहीं था। वे उसके लिए हर स्तर पर टूटने को तैयार रहते थे चाहे मित्रता हो, चाहे घर-परिवार और चाहे विवाह (दिसम्बर, 1960) के चौदह वर्ष बाद मिलने वाली प्राइवेट कालेज की नौकरी, जो दोनों बच्चियों, कविता व मनीषा, के जन्म के पश्चात् मिली थी। उन्होंने इस नौकरी से भी कई बार त्यागपत्र दिये किन्तु व्यवस्थापकों ने उनकी प्रतिभा व कार्यकुशलता को समझते हुए उन्हें स्वीकार नहीं किया। उनको अपने विद्यार्थियों से गहरा लगाव था और उनके विद्यार्थी भी उन्हें बहुत प्रेम करते थे, जो आजकल दुर्लभ है।

वस्तुत: उन्होंने जो कुछ भी किया, पूर्ण सचाई व पूरी-पूरी जिम्मेदारी से किया चाहे वह प्रेम हो या वात्सल्य, मित्रता हो या वैचारिकता, प्रत्येक को एक खरेपन से निभाया। उनकी कथनी-करनी में तनिक भी अन्तर नहीं रहा और अन्तर करने वालों से उन्हें गहरी नाराजगी भी रही।

उनके लिए ज़िन्दगी केवल हँसने का पर्याय कभी नहीं रही। कदाचित् बचपन में असमय घेर लेने वाले अवसाद ने ही उन्हें विशेष गम्भीर बना दिया था। एक समय ऐसा भी था कि वे हँसना तक भूल चुके थे। उनके कुछ मित्र मुझे कहते थे, जब वे सन् 1956 में छात्रसंघ के चुनाव में प्रथम बार खड़े हुए तो उनको मुस्काना व हँसना भी हमें जबरन सिखाना पड़ा था। और जब हँसना सीखा तो ऐसा कि जो भी उनके सम्पर्क में आया, आज भी उनके हँसी-मज़ाक़, व्यंग्य-भरी बातों, अमृत बरसाती चाँदनी-सी मोहक मुस्कान और ठहाकेमार हँसी को याद करके उदास हुए बिना नहीं रहता। यों वे सुनते ज़्यादा व बोलते बहुत कम थे, निजी व्यथा की बात कहना तो जैसे वे जानते ही नहीं थे। अख़बारों, किताबों में चाय पीते, खाना खाते समय भी खोये रहना या एकान्त में उदासी में डूबे सोचते रहना, तनावों में टूटते रहना

जाने कब से उनके स्वभाव का अंग बन चुका था। (ज़्यादा पूछने पर कभी-कभी वे गहरी उदासी में डूबे हुए मुझे कहते थे—आज़ादी के बाद तो देश की समाज की हालत और भी बिगड़ती जा रही है, क्या होगा इस देश का! इस समाज का!!) यही बात उनकी कविता के साथ भी लागू होती है। उनके लेखन के सम्बन्ध में चाहे जो मत, विरोध हो, किन्तु उनकी लेखकीय ईमानदारी पर शक नहीं किया जा सकता।

अजीब विडम्बना है कि बाहर अपनी शेर-सी निर्भीक आवाज से दहाड़ने वाला, अपने विचारों-विश्वासों में हीरे-सा खरा व कठोर फौलादी व्यक्तित्व, भीतर की गहराइयों में कहीं नन्हे बालक-सा निश्छल व मासूम भी था। बाहर से पके नारियल-सा खुरदरा कठोर, पर भीतर मधुर दुग्धजल समेटे! मैंने उनके व्यक्तित्व के ये दोनों विरोधी, विपरीत रूप बहुत निकट से देखे जो केवल विरोधी नहीं कदाचित् एक-दूसरे के पूरक थे, और उन्हें एक आदमकद इनसान बनाते थे। प्रस्तुत कविता-संग्रह की पांडुलिपि तैयार करते समय मेरा यह प्रयत्न रहा है कि इसमें उनकी अंग्रेजी व राजस्थानी में लिखी कविताओं को छोड़कर हिन्दी-उर्दू में लिखी कविताओं के प्राय: सभी काव्य-रूप (हाइकु, क्षणिकाएँ, लम्बी कविताएँ, शेर, गजल) समाविष्ट हो सकें। विषय की दृष्टि से भी, सामाजिक, राजनीतिक, सामयिक सन्दर्भों से अनुप्रेरित कविताओं के साथ उनकी वैयक्तिक कोमल अनुभूतियों की कुछ कविताएँ भी इसी संग्रह में रखी हैं। यद्यपि ऐसी कविताएँ अपेक्षाकृत उन्होंने कम लिखी हैं, पर वे कवि के व्यक्तित्व की पूर्णता को रेखांकित अवश्य करती हैं।

प्रस्तुत पुस्तक की लगभग आधी कविताएँ उनके द्वारा तैयार की गई पांडुलिपि की हैं। शेष उनके अवसानोपरान्त उनके बिखरे कागजों से मैंने फेअर की हैं। उनकी बंधनमुक्त प्रकृति ने उन्हें डायरी या कॉपी में कभी लिखने ही नहीं दिया। वे सदा छोटे-बड़े, नये-पुराने जैसे भी कागज हाथ में आ जाते, उन्हीं पर लिख डालते। इस संग्रह की अधिकांश कविताएँ प्रथम बार तीव्र वेग में लिखीं, बिना सुधरे-सँवरे रूप में ही हैं। उन्हें एक बार लिखने के बाद, पुन: पढ़ा भी गया या नहीं, कहना कठिन है। अधिकांश कविताएँ, शीर्षकहीन, लिखते-लिखते बीच में ही अधूरी छूटी हुई-सी लगती हैं, ठीक उनके अधूरे अचानक टूट जाने वाले जीवनक्रम की तरह! काश, वे एक बार उन्हें पढ़ तो पाते। (यद्यपि रचना को बार-बार लिखने या उसमें अधिक परिवर्तन करने की उनकी प्रवृत्ति नहीं थी।) ऐसी स्थिति में अधिकांश कविताओं के शीर्षक भी मुझे ही देने पड़े हैं, कई स्थलों पर अस्पष्टता के कारण कुछ पंक्तियों व शब्दों को बदलना व उनके क्रम को भी तय करना पड़ा है। फिर भी मैंने यथासम्भव

उनकी कविताओं को अपने मूल रूप में ही रखने का प्रयास किया है। पुस्तक का समर्पण भी उन्हीं की इच्छानुसार किया गया है। मेरे इस कार्य को सम्पादन मानने की आवश्यकता नहीं, मैंने तो अपने एक भावनात्मक दायित्व का निर्वाह मात्र किया है। उनकी अधिकांश कविताएँ, जो अवाम के दर्द से जुड़ी हैं, गरीब, शोषित, उपेक्षित जनसमूह को सम्बोधित होने के नाते समाज की ही धरोहर हैं। उसी धरोहर को समाज तक पहुँचाने के लिए, उनके लेखन-चिन्तन को अर्थवत्ता देने के लिए मुझे इनका प्रकाशन अनिवार्य लगा। काश, इन्हें पढ़कर पाठकों का शतांश भी कवि के अन्तर में सुलगने वाली आग की चिनगारी का स्पर्श पा सके तो मैं अपने इस टूटे-बिखरे, थके-हारे जीवन के इस अकिंचन प्रयास को सार्थक मानूँगी।

इस पुस्तक के भूमिका-लेखन व प्रकाशन सहयोग के लिए, आदरणीय प्रोफ़ेसर नामवर सिंह जी के प्रति कृतज्ञता ज्ञापित कर मैं भारमुक्त नहीं होना चाहती, हो पाऊँगी भी नहीं। यथासमय पुस्तक प्रकाशन के लिए मैं आदरणीया श्रीमती शीला संधू की अत्यन्त आभारी हूँ। इनके अतिरिक्त मैं उनके (डॉ. डागा के) व्यक्तित्व एवं कृतित्व का सही-सही मूल्यांकन करने वाले, उनके मित्रों, सम्बन्धियों, परिचितों, प्रशंसकों व चहेतों को कृतज्ञता सहित नमन करती हूँ।

—सावित्री डागा

दिनांक 29-1-1986
118, नेहरू पार्क, जोधपुर (राजस्थान)

आज़ादी गुनाह नहीं

उम्र के पैंसठवे वर्ष से गुज़रते हुए पीछे देखने पर मुझे लगता है कि विधि के विद्यार्थी के रूप में, मैं लगभग सफल और सार्थक रहा। इसकी दो वजहें रहीं, एक तो मेरा प्रगतिशील आन्दोलन में सक्रिय होना और दूसरा पाठक के रूप में साहित्य से गहरा जुड़ाव रहना। डॉक्टर मदन डागा इन दोनों ही क्षेत्रों में मेरे मार्गदर्शक रहे। आन्दोलन की बारीकियाँ भी उनसे सीखीं और पाठन की तकनीक भी।

डागा साहब ने ही बताया था कि साहित्य समाज का दर्पण मात्र नहीं है, अपितु वह जीवन की व्याख्या, विश्लेषण और आलोचना करता है। साहित्य के उद्‌देश्य और नियम शाश्वत नहीं परन्तु काल और काल के कलेवर से अधिक जुड़े होते हैं। जिस काल में जीवन की जैसी धारा रही, वैसे ही साहित्य का निर्माण उस काल में हुआ। समाज का मर्म अगर समझ लिया तो यह समझना कि साहित्य क्या है और साहित्यकार क्यों हैं, आसान हो जाएगा।

इसी व्यापक समझ का असर यह रहा कि शोषण-दमन के खिलाफ लड़ाई के इस काल में डागा साहब के साहित्य का केंद्र शोषित-दमित ही रहा। उनके अपने शब्दों में—

मेरी भाषा का व्याकरण
पाणिनी नहीं
पददलित ही जानते हैं
क्योंकि वो मेरे दर्द को
—पहचानते हैं

मेरी कविताओं का कमल
बगीचे के जलाशयों में नहीं
—झुग्गी झोंपड़ियों में खिलेगा;
मेरी कविता का अर्थ
उत्तर-पुस्तिकाओं में नहीं
फुटपाथों पर मिलेगा

यही सूत्र मेरे व्यावसायिक जीवन का भी आधार बना।

मदन डागा साहब से मेरा पहला परिचय 1979 में हुआ था, बैंक यूनियन के दफ़्तर परवाना भवन में। उनके साथ कुछ अन्य विद्वान भी थे।

कृत्रिमता से कोसों दूर, एक स्वाभाविक अपनापन और दिखती हुई ख़ामोशी से सजा था उनका व्यक्तित्व।

1980 में उन्हीं की प्रेरणा से जोधपुर शहर में मुंशी प्रेमचंद जयंती का आयोजन किया गया और यहीं से सिलसिला शुरू हुआ उनसे हर दिन कुछ ना कुछ सीखने का। धीरे-धीरे उनकी आँच से मैं तपने लगा।

वो दिखते ख़ामोश और ठंडी प्रकृति के थे पर उन जैसा तप्त, सुर्ख और पुरजोर आवाज़ वाला व्यक्ति मैंने अपने जीवन में कोई और नहीं देखा। उन्होंने कहा भी था—

लेखक की खामोशी
एक झूठ है
लेखक खामोश रह ही नहीं सकता
खामोशी भी एक झूठ बोलना है
बल्कि सफेद झूठ
से भी बड़ा झूठ
उसकी खामोशी भी
शब्दों से ज्यादा चीखती है।

यह भी सच है कि डॉक्टर मदन डागा साहब की लेखनी ना तो कभी ख़ामोश रही और ना ही किसी की ख़िदमतगार। उनकी आज़ाद क़लम इंक़लाब की रौशन मशाल है और इसकी बुनियाद में रहे सारी दुनिया के शोषितों पीड़ितों के संघर्ष। उन्हीं के शब्दों में कहूँ तो—

मैं
किसी का मुंशी
या स्टेनोग्राफर नहीं हूँ
कि कोई मुझसे
जो चाहे लिखवा ले!
अपनी मर्ज़ी का मालिक
कलमकार हूँ मैं
शोषित जो लिखवा ले
तैयार हूँ मैं

डागा साहब की हर कविता अपने अलग तेवर लिए होती है, परन्तु आज़ादी गुनाह नहीं तो आज़ादी के संघर्ष में जनता की अवश्यम्भावी जीत की अद्‌भुत घोषणा है। वे कहते हैं—

यह ठीक है कि मजबूर आदमी
प्रश्नचिह्न की तरह कमर झुका
जीता तो है!
पर, जब वह
रीढ़ की हड्‌डी सीधी कर तन जाता है
तो तानाशाही का पूर्णविराम बन जाता है!
ज़िन्दगी की ग्रामर का यह नियम
तानाशाह नहीं जानते हैं
शायद इसी से वे भूखे पै बन्दूक़ तानते हैं!
और इसीलिए हर चन्द वर्ष बाद
हमें इन दरिंदों को
समझाना पड़ता है कि
इंक़लाब—मरी खाल की आह नहीं है!
दुनिया—कोई क़त्लगाह नहीं है!!
आज़ादी—कोई गुनाह नहीं है!!!

इक्कीसवीं सदी के तेईसवें साल में मेरे बहुत से दोस्त आने वाले वक़्त को लेकर बहुत आशंकित हैं और भयभीत भी। आशंका जनतंत्र और जनतांत्रिक मूल्यों

के व्यपहरण की है, निजी स्वतंत्रता और सामाजिक समरसता के विघटन की है और भय है उन सपनों के बिखर जाने का जिन्हें पिछले पौने सौ साल से हम सब बुनते आ रहे हैं।

निस्सन्देह घड़ी विकट है, परन्तु निराश होने की कोई वजह नहीं है।

संघर्ष करना मनुष्य की प्राकृतिक प्रवृत्ति है, और इसके लिए अब हालात परिपक्व हैं। वो समय आ चुका है कि एक बार फिर से उस इंकलाबी आवाज़ को बिगुल बनाया जाए जो परिवर्तन की लड़ाई में हमेशा पहला निशान रही है। आइए, एक बार फिर से शोषण, दमन के विरुद्ध आम हिन्दुस्तानी की आवाज़ को बुलन्द किया जाए और डॉक्टर मदन डागा को फिर से पढ़ा और सुना जाए।

गोविन्द माथुर
मुख्य न्यायाधीश (सेवानिवृत्त)
इलाहाबाद उच्च न्यायालय

कुर्सीप्रधान देश

पहले लोग सठिया जाते थे
अब कुर्सिया जाते हैं!

दोस्त मेरे!
भारत एक कृषिप्रधान नहीं
कुर्सीप्रधान देश है!

हमारे संसद-भवन के द्वार में
कुछ स्प्रिंगें ही ऐसी लगी हैं
कि समाजवादी पासा फेंकने वाले
सेठ की कार आते ही
संसद का द्वार अपने आप खुल जाता है
और, हम ग़रीबों को देख
चट बन्द हो जाता है!

दोस्त मेरे!
तुम्हारा और मेरा ही नहीं
कार और द्वार का भी अन्तरात्मी नाता है!

उधर सचिवालय की नाक के नीचे
फटे तम्बुओं में लगने वाले स्कूलों में

जो बच्चे मिमिया रहे हैं
वे देश का भविष्य बना रहे हैं!

नौजवानों को
बूढ़ा कर देने वाले ये विश्वविद्यालय
जो कभी बुद्धिजीवी तैयार करते थे
अब स्पंजनुमा डिग्रीजीवी बना रहे हैं!
जो बीज की तरह
न गल सकते हैं
न फल सकते हैं
महज पानी उगल सकते हैं
वह जो इन्होंने सोखा था
जैसा का तैसा
दुनिया में माई-बाप अब तो है पैसा!

तभी देखो ना
द्रोणाचार्य, अब अँगूठा नहीं
चैक कटाते हैं
ख़तरा होने पर कैश मँगाते हैं!

उधर दफ़्तरों में
कुछ हवा ही ऐसी चल रही है
कि बिना पेपरवेट रक्खे
काग़ज़ तो काग़ज़
फ़ाइलें तक उड़ जाती हैं।
पर, 'ऑफ़िशिअल वेइंग मशीनों' में
सिक्के डालते ही

फ़ौरन निकल आती हैं!
'श्याम धन' को पाकर

उससे ज़्यादा तो आज
सफ़ेद टोपियाँ ख़ुश हो रही हैं!

दोस्त मेरे!
भक्तिकाल कभी ख़त्म नहीं होता
उसकी तो मात्र पुनरावृत्ति होती है!

प्रेम करने की
एक उम्र होती होगी
चापलूसी करने की
कोई उम्र नहीं होती!

तभी देखो ना
पुजारीजी अपने बेटे की नौकरी ख़ातिर
मन्दिर में नहीं,
एम. पी. क्वार्टर्स में प्रसाद चढ़ा रहे हैं!
और मुल्लाजी मस्जिद में नहीं
मिनिस्टर के बँगले पर दुआ माँग रहे हैं!
और हंस
जो कभी मोती चुगते थे
या भूखे मर जाते थे
अब चाँदी की गोल-गोल चवन्नियाँ चुगने लगे हैं
शायद चवन्नी सदस्यता
जीने का अनिवार्य साधन बन गई है!

और इधर
कुछ तथाकथित क्रान्तिकारी
हँसिये पर से हथौड़ा हटाकर
चमचा रख रहे हैं!

गोया ज़िन्दगी ज़िन्दगी न हो!

गाय मार जूता दान देना कहावत है
मगर आदमी मार बोनस दान देना
सरकार की आदत है!

यह सरकार
जो रक्त-सने चिथड़े दिखा-दिखा
हृदय-परिवर्तन करना चाहती है ना
वे उस के मासिक धर्म के चिथड़े हैं,
तुम नाहक़ उसे ख़ून-ख़राबा समझ डर रहे हो
और प्रायश्चित में आत्महत्या कर रहे हो!

मैं तुम्हें हक़ीक़त कैसे बतलाऊँ
ख़ून का रंग खड़िया से कैसे समझाऊँ?
मौत से पहले मरने की आदत
वे हम में जान-बूझ कर डाल रहे हैं
ताकि वे मौत के बाद भी जी सकें!

वरना तुम क्या समझते हो,
क्या वाक़ई हम आदमी नहीं हैं,
या दोष हमारी व्यवस्था में कहीं है?

दो टाँगें होने से ही कोई आदमी होता
तो नसैनी भी दो टाँगों पर ही खड़ी होती है
और पूँछ उस के भी नहीं होती!
दोस्त मेरे! भेद को समझो
ट्रेजेडी बहुत गहरी है!
और यह उसी दिन हो गई
जिस दिन किसी वैयाकरण ने
बिना क्रिया देखे
हर पूँछकटे जानवर को
आदमी होने की संज्ञा दे दी!

वरना ऐसा क्यों होता है
कि आदमी आदमी से डर जाता है
और रेंगते-रेंगते
मौत से पहले मर जाता है!

यह भी कोई ज़िन्दगी है
कि आदमी थक जाए
महज़ साँस ले-लेकर
और वह भी
खुले वातायन से नहीं,
क़ानून की कोठरी में किये गए सुरागों पे
नाक रगड़-रगड़ के
गोया ज़िन्दगी ज़िन्दगी न हो
साँसों का सिलसिला हो!
या इस धरती पर
हम जैसे ट्रेसपासर हों
और हमारा जन्म
जान-बूझ कर किया गया गुनाह!
पर यह भी बिला वजह नहीं है

कि तुम इसे आक्रोश कहते हो
मेरे लिए जो होश है!

किन्तु अब मैं
प्राइमरी का बच्चा तो नहीं हूँ
कि जन्म और मौत के बीच की
ख़ाली जगह भरने को ही ज़िन्दगी समझ लूँ!
ज़िन्दगी अब मेरे लिए
पूर्ण विराम तक चलनेवाला पूरा वाक्य है,
सार्थक!
सप्रसंग!!
पर, समझो!
मेरे दोस्त! इसे समझो!
जन्म और मौत के बीच की ख़ाली जगह
उन की नीयत को नंगा कर रही है
पर वे अपने इस नंगेपन को
सिर से उतारी टोपी से ढाँपना चाहते हैं
और जिन्दगी की लम्बाई
विधान के ओछे बालिश्त से मापना चाहते हैं!
राष्ट्रीय व्यवस्था के ताले में
गांधीवादी चाबी टूट जाने पर
वे समाजवादी 'मास्टर की' ले तो आए हैं
पर उसे जान-बूझकर घुमाया नहीं जा रहा है
और शोर किया जा रहा है
कि समाजवाद आ रहा है—
समाजवाद आ रहा है!
ताकि समाजवाद का जाप करते-करते
हमारी जिबड़ियों में छाले पड़ जाएँ
और हम बक-थक कर मर जाएँ!

वरना तुम्हीं सोचो
यह सब क्या हो गया है?
वह लाल-लाल रोशनी
जो कल तक शरीफ़ों की आँखों को काटती थी
आज पीली मन्द रोशनी में कैसे बदल गई है?

चौराहों पर झिलमिलाती ट्यूबलाइटें
नाइट लैम्प कैसे बन गई हैं?
राइफ़लों का बारूद प्रस्तावों में कैसे भर गया है?

फिर वही पुनरावृत्ति दोष
आदमी आदमी से कैसे डर गया है?
ऐसी बात नहीं कि अख़बारों में आग न हो
उन में आग है!
तभी तो वे चूल्हा जलाने के काम लिये जा रहे हैं!

बाक़ायदा दफ़्तर चल रहे हैं!
ऑफ़िस आवर्स में
उस क्लर्क की कुर्सी पर जो रुमाल टँका है ना
वह इस बात का सबूत है
कि क्लर्क अभी कुर्सी पर ही है
मैटिनी शो में नहीं!

पूछ लीजिए, पूछताछ वाली खिड़की पर जाकर
उत्तरदायी, साहब के काम से कहीं गया होगा
आता ही होगा!
और जैसे सुबह का भूला
शाम तक घर लौट आने पर भूला नहीं कहलाता है
वैसे ही ऑफ़िस खुलने पर चाय पीने गया बाबू
बन्द होने तक लौट आए

तो छुट्टी पर नहीं कहलाता है!
और फिर, साहब और उस का भी तो
कोई ह्यूमनिटेरियन नाता है!

अच्छा तुम्हीं बताओ
कि मैं फ़ाइलों में उगाये गए गुलाबों से
अपने नासूर कब तक ढाँकूँ?
कब तक स्लम्स् के कीड़ों को
नासापुटों में जाने से रोकूँ?
और कब तक बँगलों के फाटक पर लगी
'कुत्ते से सावधान' की तख़्तियाँ देख चौंकूँ?

क्या वाक़ई हर बँगले में एक कुत्ता रहता है?
यदि नहीं, तो मैं हक़-नाहक़ क्यों डर गया हूँ?
फिर वही पुनरावृत्ति-दोष
मौत से पहले क्यों मर गया हूँ?

योर्स फ़ेथफुली

सेवा में
चीफ़ मिनिस्टर साहब
ख़ता माफ़ हो
लिखा नहीं इस बार अगर
थ्रू प्रॉपर चैनल!
क्योंकि खड़ा मैं आज सड़क पर
बॉस हमारे
एअरकंडिशंड कमरे में
बहुत बिजी हैं
बिना काम के
अपना वेतन पका रहे हैं!

मेहरबान!
सच आज आपने दिया बड़ा ही उम्दा नारा!
हड़ताल-काल में
काम नहीं तो वेतन नहीं!

माशाअल्ला!
ख़ता माफ़ हो
ज़रा बता दें मुझे आज कुछ कॉन्फ़िडेंशिली

काम आपने ख़ुद ने कितना किया,
गए पचीस बरस में?

ऑवर टाइम भाषण ही तो दिये आपने!
अगर आप की तरह
दिया इस खादिम ने
क्या गुनाह हो गया?

क्या सचमुच ही भाषण देना काम नहीं है?
काम नहीं तो क्या नेताओं ने अब तक हराम
का खाया?
दौरे पर दौरे कर, टी. ए. व्यर्थ उठाया?

अक्ल आपकी
माशाअल्ला!
भरी धूप में गला फाड़ना काम नहीं है?

ओनरेबल सर,
भूखे-प्यासे सड़क मापना काम नहीं है?
रेस्पेक्टेड सर,
छोड़ गृहस्थी जेल भुगतना काम नहीं है?
जनाबे आली,
सिर फुड़वाकर (हड्डी पै सीलन-सा चिपका)
ख़ून बहाना काम नहीं है?
सर, एप्लाई था किया सिर्फ़ रोटी की ख़ातिर
व्यर्थ आपने गोली दागी!
अगर मुनासिब समझें
फ़ाइल आप देख लें!
कन्सर्निंग अफ़सर को चाहे डाँट न मारें!

सर, अश्रु गैस बेकार छुड़ाई
अश्रु बहाना इन आँखों ने कब छोड़ा
पिछले वर्षों में?

सर, छोटे मुँह कुछ बड़ी बात हो,

योर्स फेथफुली,
एक मुलाज़िम किये दे रहा,
ख़ूनसना अँगूठा चस्पाँ!

पुनश्च
सर, एक बात फिर याद आ गई
बुलेट गुजर कर आँतों से ख़ुद बुझ जाती,
पर भूख न बुझती!

सर, भूख नहीं टाँकी जा सकती
कभी पेंशन की खूँटी पर!
सर, डिसिप्लिनरि एक्शन
हरकत बहुत बुरी है!
सर,
भूखी आँतें डिसिप्लिन में कब रहती हैं?
तवारीख़ ऐसा कहती है!

बसन्त

बसन्त तुम्हारे बाग में आता होगा
मेरी तो बही में आता है,
मन तो उसी से
बाग-बाग हो जाता है।

आज़ादी गुनाह नहीं

'एकला चलो, एकला चलो, एकला चलो रे!'
यह बात तो मेरी समझ में आती है।
पर एकला जलो, एकला जलो,
एकला जलो रे...यह बात मैं जज़्ब नहीं कर पाता हूँ!

क्योंकि ख़ून जो पूर्वी बंगाल में बह रहा है
वह मेरा ख़ून है!
बंग-बन्धुओं के सिर पर जो सवार है
वह मेरा जुनून है!
बेगुनाहों का ख़ून
चाहे बंगाल में बहे या वियतनाम में
बोलीविया या क्यूबा में—वह मेरा है!
क्योंकि मैं बंगाली हूँ, वियतनामी हूँ
बोलीवियाई हूँ, क्यूबाई हूँ
उनका हमदम हूँ, उनका भाई हूँ!
उधार की गोलियाँ
जो ढाका की गलियों में धाँय-धाँय करती हैं
वे मेरे सीने से गुज़रती हैं!
जिन आवारा टैंकों ने कल घर-बार उजाड़े हैं
वह मेरा मोहल्ला है

तभी से मैं, बेघर-बार डोल रहा हूँ
और मजबूरन आग की भाषा बोल रहा हूँ!

और किसी भाषा का
गला घोंटने की कोशिश
बचकाना है, वहशियाना है
क्योंकि, प्राणवान भाषा के शब्द
गुरिल्लों की तरह वार करते हैं।

मुक्ति-सैनिकों के लिए खुले
ब्लड बैंकों में
मेरे ख़ून के क़तरे न मिलें
यह नामुमकिन है!

मुक्ति का ताना-बाना बुनने वाली ये अँगुलियाँ
मेरी ही अँगुलियाँ हैं।
जो कभी अँगूठी से निकलने वाली मलमल बुनती रहीं
आज वे ट्रिगर पर हैं
और ट्रिगर पर ही रहेंगी!
मटरगश्ती करते
आवारा टैंकों के बलात्कार से
ख़ून से लथपथ बेहोश पड़ी सड़कों पर
मछलियों की तरह बिखरी आँखों में
एक जोड़ा आँखें मेरी भी हैं
अन्तरराष्ट्रीय राजनीति का पिछलग्गू रेडक्रॉस
जिनकी तड़पन का अन्दाज़ देखने
'अटेन्शन' खड़ा है।
और रहम की आयतें पढ़ने वाला राष्ट्रसंघ
न्यूयॉर्क में नगीने-सा जड़ा है!

अपने सीने पर माइन बाँध
पैटन तोड़ने वाली रोशन पर
बंगाल के साथ मुझे भी नाज़ है
उसकी शहादत मेरी प्रार्थना है, मेरी नमाज है।

'उसकी जय बांग्ला' के सामने
शंखध्वनि और अजान कितनी फीकी लगती हैं
क्योंकि यह उन करोड़ों मुजीबों की आवाज़ है
जिनकी हड्डियाँ घिसते-घिसते लावा बन गई हैं।
और यह लावा
भूख के उस ज्वालामुखी का लावा है
जो बहुत कम धधकता है!
और धधकने पर बदल देता है इतिहास
ज़रूरत हो तो भूगोल!
यह ठीक है कि
बारूदी बैसाखियों के सहारे चलने वाली तानाशाही
कॉलेजों को क़ब्रगाह बना सकती है।
ब्लैक बोर्डों पर मज़हब की इबारत लिख सकती है!
पर, आदमी
मज़हबी चौखटों में फ़िट होने वाली तस्वीर नहीं है!
जिसे कोई मनचाहे चौखटे में जड़ कर
क़ानून की कीलें गाड़ दे!
आदमी, अफ़सर के हाथ में दी गई
नौकरी की अर्जी नहीं है
कि वह उसे भुनभुनाकर फाड़ दे!
और न वह है
हदे-मख़सूस में चरने वाला
जानवर
कि हद से निकलते ही कोई गोली दाग़ दे!
यह ठीक है कि मजबूर आदमी

प्रश्नचिह्न की तरह कमर झुका
जीता तो है!
पर, जब वह
रीढ़ की हड्डी सीधी कर तन जाता है
तो तानाशाही का पूर्णविराम बन जाता है
ज़िन्दगी की ग्रामर का यह नियम
तानाशाह नहीं जानते हैं
शायद इसी से वे भूख पै बन्दूक तानते हैं!
और इसीलिए हर चन्द वर्ष बाद
हमें इन दरिन्दों को
समझाना पड़ता है कि
इन्क़लाब—मरी खाल की आह नहीं है!
दुनिया—कोई क़त्लगाह नहीं है!!
आज़ादी—कोई गुनाह नहीं है!!!

वोट देकर

तुम
दिल देकर पछता रही हो
मैं वोट देकर रो रहा हूँ
जम्हूरियत का भार
सिर पै ढो रहा हूँ!
तुम जब चाहो
अपना दिल वापस ले सकती हो
पर मैं दिया वोट
वापस नहीं ले सकता!
वोट देना
दिल देने से महँगा पड़ा है;
पर बेशर्म, चुनाव में
फिर से खड़ा है।
चुनाव से पहले जो ख़ादिम था
चुनाव के बाद
ख़ुदा से भी बड़ा है!

नक्सलवादी

हमारी सरकार ने
तुम्हें पूजा का अधिकार दिया है
तुम पेटपूजा का माँगते हो
यह क्या करते हो?
ऋषियों की सन्तान हो
रोटी के लिए मरते हो!
पेटू औ' नास्तिक हो!
चरने के आदी हो
देशद्रोही हो
नक्सलवादी हो!

अकाल

आओ दोस्त,
धन्धा करें
अकाल पड़ा है
चन्दा करें।

यह कैसा मज़ाक़ है!

बहुत उपजाऊ हो गई है
इस देश की धरती।
जहाँ अगणित बार
बलात्कार के बाद
अल्पसंख्यकों, ग़रीबों की हड्डियाँ
मिट्टी में गाड़ दी गई हैं!
और सींच दिया गया है
बेगुनाह बच्चों का ख़ून
धर्म के नाम पर
धरती माँ की गोद में!
इधर-उधर
ग़रीब बस्तियों में
जली हुई झोंपड़ियाँ
'भारत देखिए' के इश्तहार की तरह
हमारे महान देश की—
धर्म-निरपेक्षता का विज्ञापन कर रही हैं!
और निर्दोष नागरिकों की लाशें
कर रही हैं अन्याय को रेखांकित!
आँखें इतनी कमज़ोर तो नहीं
कि दिन के उजाले में

दिखाई नहीं दे!
मज़हबी चश्मों से माहौल
वैसा ही रंगीन दिखाई देता है
जो रंग शीशे का होता है!

यह कैसा मज़ाक़ है
कि जो गाय का रोना रोते रहे
वे हरिजन की हत्या पर चुप रहे!
शायद इसलिए
कि उस निम्नवर्ण जन को
हरि तक
उन्हीं के सजातीयों ने
पहुँचाया था!

ग़ज़ल

खादी की टोपी पहन जब मुझ से मिला निजाम
मैंने सफ़ेदी देख उसको ताज कह दिया!

मेरा गुनह यही तो था मैं चुप न रह सका
जो कल कहोगे मैंने उसे आज कह दिया!

तेरे मेरे कलाम में है फ़र्क़ यही दोस्त
तूने कहा पखेरू, मैंने बाज कह दिया!

जो कह दिया सो कह दिया अब काहे का मलाल
जो देखा दग़ा देते, दग़ाबाज कह दिया!

क्या हो गया, मुझको फ़हम न था ज़ुबान का
सिसकी को बिन अल्फ़ाज़ की आवाज़ कह दिया!

पत्रकार

फुटपाथी लाशों की ख़बर रोक
उनकी मुस्कान की ख़बर छापने वाले!
बॉक्स न्यूज़ से
उनकी मुस्कान मापने वाले!
भई तुम कमाल हो!
पत्रकार और पात्रकार
एक साथ हो सकते हो
एक आँख हँस सकते हो!
एक आँख रो सकते हो!
तुम एक हाथ में मक्खन
दूसरे में आग रखते हो
कमाले-फ़न हो
पर, दामन बेदाग़ रखते हो
तुमने हॉट केक-से अख़बारों में
विज्ञापनों के पर्दे जो लटका रक्खे हैं
इनके पीछे मुझे इक लाश नज़र आती है
गला मासूम ख़बर का ही घुटा हो शायद
या उठने को कोई क़ौम कुलबुलाती है!

कविता मेरे लिए

कविता तुम्हारे लिए क्या है
मुझे नहीं मालूम
मेरे लिए तो वह
अभिव्यक्ति का द्वार है।

तुम उसे
नये-नये प्रतिमानों के थर्मामीटर से—
नापने का दम भरते हो
जैसे वह भी कोई
मियादी बुख़ार है,
गोया तुम कोई डाक्टर हो
और कवि कोई बीमार है!

कविता ग़म की बेटी है
जो ग़म की ही गोद में सो सकती है
मचलने-भर से वह ख़ुशी की बेटी
—नहीं हो सकती है
क्योंकि कविता का जन्म
राजमहलों में प्रासादों में नहीं
गली-कूचे, फ़ुटपाथों पर हुआ है

और राजमहलों में जन्मी-पली
—बनी-सँवरी कविता ने
आलोचकों और महाजनों को
आकर्षित भले ही किया हो
हमारे दिलों को नहीं छुआ है!

क़लमकार

मैं
किसी का मुंशी
या स्टेनोग्राफ़र नहीं हूँ
कि कोई मुझसे
जो चाहे लिखवा ले!

अपनी मर्ज़ी का मालिक
क़लमकार हूँ मैं
शोषित जो लिखवा ले
तैयार हूँ मैं!

करना दर्द को लिपिबद्ध
फ़र्ज़ी मानता हूँ मैं
आशुलिपि नहीं तो क्या
अश्रुलिपि जानता हूँ मैं!

लेखक की ख़ामोशी

लेखक की ख़ामोशी
एक झूठ है
लेखक ख़ामोश रह ही नहीं सकता
ख़ामोशी भी एक झूठ बोलना है
बल्कि सफ़ेद झूठ—
से भी बड़ा झूठ?
उसकी ख़ामोशी भी
शब्दों से ज़्यादा चीख़ती है।

पहला कवि नहीं हूँ

मैं इस बात के लिए *सॉरी* महसूस नहीं करता
कि ज़िन्दगी के तंग फ़ुटपाथ पर
मेरी कुहनी तुमसे टकरा गई है।
और न मैं पेन माँगने के लिए
दाँत निपोर कर *प्लीज* कहता हूँ
शायद तुम इसे अशिष्टता कहो!
शर्म से तो मैं वैसे ही गड़ा जा रहा हूँ
मगर इस बात के लिए नहीं कि मैं *सॉरी* या
प्लीज नहीं कहता
सिर्फ़ इस बात के लिए
कि मैं तुम्हें रोटी दिलाने-खातिर क़ानून नहीं
तोड़ सका
यह ठीक है कि
ब्लो हॉट, ब्लो कोल्ड
देखने के बाद राष्ट्रीय धुन पर चट खड़े होकर
वे जिस राष्ट्रभक्ति का परिचय दे सकते हैं
वह मैं नहीं दे सकता!
मेरी कमर में वैसी राष्ट्रभक्ति की स्प्रिंगें कहाँ लगी हैं?
खड़ा होना तो दरकिनार,
मैं समझ गया हूँ कि दर्शक-दीर्घा में—
बापू के बन्दर-सा बैठने से कुछ नहीं मिलने वाला है

जब तक सेठों की तिजोरी पर समाजवादी ताला है।
फिर तुम्हीं बताओ
कि मैं राष्ट्रप्रेम के गीत कब तक गाऊँ
कब तक गा-गाकर घावों को सहलाऊँ
कब तक दिल में इश्क़ को जगह दूँ
और ख़ुद स्लम्स की मोरी पर शरणार्थी बना पड़ा रहूँ।

नहीं नहीं! तुम मुझे फिर गुमराह मत करो
आहों में मीठे गीत मचलते होंगे
पर मेरे बच्चे भी तो दूध के लिए मचलते हैं
उनकी भूखी आँतों को कब तक चन्दा मामा की
लोरियाँ सुनाऊँ
जो अर्से तक सुना चुका हूँ
हलरा-दुलरा कर भूल चुका हूँ!
लोरियों की अप्सराएँ दूध के कटोरे लिये
तुम्हारे बँगलों और तुम्हारे कुत्तों के लिए
तुम्हारे बँगलों पे आई होंगी
मेरे बच्चों को तो उस दूध की ख़ुशबू भी नहीं आई।
वियोगी होगा पहला कवि
पर मैं पहला कवि नहीं हूँ
मैं आख़िरी रोगी कवि हूँ
और करना चाहता हूँ
बिना स्टरलाइज किये, इन्फ़ेक्टेड शब्दों का प्रयोग
ताकि इनकी छूत कुछ तुम्हें भी लग सके
बार-बार हर करवट पर सीखना चाहता हूँ
कि तुम्हें भी कुछ तकलीफ़ हो
और तुम्हारी नींद ही नहीं
नींद की झपकी तक उड़ जाए
और काव्य के इतिहास में (एक) दूधिया पृष्ठ
जुड़ जाए!

दूसरों की रोटी के लिए

तुम!
हाँ तुम!

पड़ोसी के मुँह से रोटी छिनते देख
इश्क़ की ओट कैसे छिप जाते हो?
एक वे हैं,
जो पड़ोसी बच्चों के दूध के दाँत तोड़ने पै आमादा हैं
एक तुम हो,
जो बेख़ुदी में सोचते हो
दुनिया में तुम हो, तुम्हारी मादा है!

पर यह सही मानो—
कि जो दूसरे की रोटी के लिए नहीं लड़ सकता
वह इश्क़ के लिए भी नहीं मर सकता!
फिर इश्क़ के लिए मरने और इश्क़ का फ़लसफ़ा बघारने में
बड़ा फ़र्क़ होता है।

ज़िन्दगी का बेड़ा, मझधार ही नहीं
किनारे भी ग़र्क़ होता है!
तुम्हारा, आदमक़द शीशा टूट गया, तो क्या?

तुम्हारे पड़ोसी की आँखों में आँसू तो हैं
तुम, उन्हीं में अपनी शक्ल देख लो!
और शक्ल, आँसू में जितनी साफ़ दिखाई देती है
शीशे में भी नहीं दिखाई देती।

दोस्त मेरे!
आँखें, सिर्फ़ महबूबा से ही नहीं मिलाई जातीं
हक़ीक़त से भी मिलायी जाती हैं।

पर हाँ,
हक़ीक़त से आँखें मिलाने में बड़ा दर्द होता है।
यूँ तो हर कोई आदमी घर में मर्द होता है!!
ग़रीब के पेट पर लात पड़ते देखकर भी।
जब तुम इश्क़िया लहजे में गुनगुनाते हो
तो मुझे लगता है
कि मनोरंजन, सिर्फ़ मनोरंजन करना ही
तुम्हारी नियति है!

ज़ुबाँ की चोट

लो सुनो
एक गौरैया चहचहाने लगी है!
मैंने ग़लत कहा,
वह ग़ज़ल गुनगुनाने लगी है
आँतों का दर्द बातों से भुलाने लगी है।

आसपास इकट्ठे ठूँठ
सिर धुनने लगे हैं
कहने लगे हैं—मुक़र्रर, इरशाद
पीटने लगे हैं वाह-वाह की लीक
मुँह में भरे पीक!

गौरैया आज बेहद ख़ुश है
कि उसने एक ग़ज़ल गुनगुनायी
और भरपूर दाद पायी
आज का मुशायरा उसने लूट लिया!

पर तरन्नुम की बेख़ुदी में वह भूल गई
कि घोंसले में बच्चे

दानों का इन्तज़ार कर रहे हैं।
सुरीली आवाज़ आँतों से सुन रहे हैं!

मतला अर्ज़ करते-करते
अँधेरा गहरा गया है
औ' रात हो गई
रात एक...लम्बी रात
जैसे जुल्म की यादों की बारात
अब तो दाने ख़्वाब में ही मिलेंगे

पर यह क्या माजरा है
कि उसकी ग़ज़ल से
किसी की नींद नहीं उड़ी
न रस्तक की, न बाज की
यह कैसी आवाज़ थी?
कैसा रदीफ़ था
कैसा काफ़िया।
क्या मक्ता ही ग़ज़ल बुन लिया था?
या मिसरा ही ग़लत चुन लिया था?

यह कैसी आवाज़ थी
कि न भूख ही मिटी
न हक़ लिया दाने का
गोया दाद दाद न हो
बहाना हो बहकाने का!!
इच्छा होती है
कि घोंसले वाले से कह दूँ
ज़रा आँख खोलो
ज़रा पंख फड़फड़ाओ।

छिन गया हथौड़ा
तो ज़ुबाँ से आघात करो!

क्योंकि हथौड़े से भारी होती है
ज़ुबाँ की चोट
ग़र कोई करना जाने
नहीं तो कविता या ग़ज़ल, क्या माने!

महल-झोंपड़ी संवाद

एक अँधेरी रात में
छप्पर खड़खड़ाने से
बूढ़े महल की नींद हराम हो गई
और, उसने कड़ककर झोंपड़ी को डाँटा—
क्यों बे, तू चुप नहीं रह सकती?
क्या दान का आटा अपच कर रहा है?

झोंपड़ी ने कहा—
अन्नदाता! मेरी क्या ग़लती है?
ग़रीब की कहाँ चलती है?
मैं तो पीढ़ियों से हूँ हुज़ूर की ग़ुलाम,
हवा का रुख़ ही हो गया है वाम!
इससे हुज़ूर!
यह कन्धे चढ़ा छप्पर खड़खड़ाता है!
आप नाहक़ सोचते—बड़बड़ाता है,
मेहरबानी कर इस हवा को टोकिए,
इसी को रोकिए!
और हुज़ूर!
कल यह आप से टकरा जाय
तो आप ना करें क्रोध

समझ इसे विरोध!
यह तो यूँ ही बकता है
हवा को कौन रोक सकता है!
और हुज़ूर!
यह नासमझ बकता है
वक़्त का तक़ाज़ा है
कौन किसका राजा है!
पुरवैया की हमदर्दी में
यह थोड़ा-सा हिल गया है।
मजलूमों के साथ मिल गया है।

हुज़ूर मेरी मानें
तो सन्तरी को ख़बरदार कर दें
और डोंडी पिटवा दें—
अन्नदाता—पैलेस अभी आराम फरमा रहे हैं,
न कोई हिले
न कोई बोले
ख़ामोश रहे गोले!
इस बार महल ने मूँछें ऐंठ, सन्तरी को डाँटा
बोला—साली इस हवा को गोली मार दो
यह छिनाल होकर के वाम
कर रही नींद को हराम!
महल ने रौब से प्रहरी को पुकारा
पर वह तो
पहले ही कर चुका था किनारा!
महल कुछ बुदबुदाया, फिर ऊँघने लगा
करवट बदलती मिट्टी को सूँघने लगा
रटने लगा—'हरे कृष्ण हरे राम'
कैसी हवा चली है वाम!

तानाशाह

बच्चे
जब चाहें खिलौने तोड़ दें
पागल जिसका चाहें सिर फोड़ दें
तानाशाह
जिधर चाहें टैंक मोड़ दें
वे सब एक-से होते हैं!
बचपन को माफ़ किया जा सकता है
पागलपन पर रहम खाया जा सकता है
उसका इलाज कराया जा सकता है
पर लाइलाज तानाशाही को
दफ़नाया ही जा सकता है

बच्चा जब नंगा होता है
लोग उसे चिढ़ाते हैं
पागल के नंगे होने पर मुस्कराते हैं
पर तानाशाह के नंगा होने पर
निर्दोष मारे जाते हैं,
चुप्पी, महज़ चुप्पी की सज़ा पाते हैं।
क्योंकि तानाशाह
भले ही कुछ समय के लिए ही

सुबह की सुर्ख़ी को सियाही में बदलने
कब बारूद उछालने लगे
कर दे किन नदियों के पानी को लाल
कौन रोक सकता है!
कब फूल चुनना छोड़
बच्चों के सिर चुनने लगे
कलियों को खिलते देख
ख़ुश होने की जगह
बहिनों को नंगा कर मुस्कराने लगे
सितार की सरगम को रोक
संगीनों पे गाने लगे
कौन टोक सकता है!

जब निरीह पथराई आँखों का मोह
जग जाये उसके दिल में
कौन रोक सकता है!
लेकिन, अपनी क़ब्र
ख़ुद खोदता है तानाशाह
फावड़ों से नहीं
संगीनों की नोकों से
जनता के हाथों से होता है
एक दिन दफ़न
बिना आँसू बिना कफ़न।

सही क़दम

सच मानो
वे सही समय
सही क़दम उठाएँगे
चाहे कोई हो
नहीं घबराएँगे!
पर क़दम उठाने
वे कुर्सी से उठें
तो उनकी कुर्सी का क्या होगा?
आप उन्हें
इतना तो बताएँगे।
तभी तो वे
सही क़दम उठाएँगे।

गोल्ड मेडलिस्ट

जब-जब मेरे दिमाग़ में
यह बात टकराती है कि
आज़ादी के लिए
फाँसी के तख़्तों पर
झूलने वालों में
एक भी
गोल्ड मेडलिस्ट नहीं था
तो मेरा दिल काँप जाता है
और दिमाग़
देश के भविष्य को—
भाँप जाता है।
शायद
वे गोल्ड मेडलिस्ट लोग
तब सपना देख रहे होंगे
देश-सेवा का नहीं
मुक्ति-मेवा का!

सवाल लाजवाब

मेरी बच्ची ने पूछा
कि बौद्ध, जैन, हिन्दू, मुस्लिम, सिख, ईसाई
ये सभी तो धर्म हैं!
और यह ठीक भी है
इनकी अपनी-अपनी लीक भी है
इनके शास्त्र भी हैं—
ग्रन्थ भी हैं
महंत भी हैं, संत भी हैं
फिर मानव-धर्म का प्रवर्तक कौन था?
मैं अख़बार में आँखें गड़ाए मौन था
मेरे मौन का कुछ राज़ था
शायद सवाल लाजवाब था।

अक्कड़-बक्कड़

अक्कड़-बक्कड़ बम्बे बो
भाग्य-भरोसे तू मत सो।

अपना तो है ऐसा नेता
सब कुछ खाता हमें न देता
जनता रोती तो वह कहता
बोझ हमारा भी तू ढो।

लेने वोट किया था वादा
जीता तो बन गया शहजादा
जिसे भेजते हम कुछ कहने
वह जाता संसद में सो।

जनता जिसके ख़ातिर दौड़ी
वह फ़क़ीर बन गया करोड़ी
फुटपाथों पै रोते वोटर—
'पूछे कौन हमारे को।'

वे भुखमरे नहीं

जनता रोटी चाहती है
वे फ़क़त कुर्सी!
वे कोई भुखमरे नहीं हैं
कि रोटी माँगें।

पैसा

पैसा
पहले हाथ का मैल था
अब
मन का मैल हो गया है
जमीर
कहाँ सो गया है!

हाथ लम्बे कहाँ?

मोरारजी भाई ने
ठीक ही कहा है
कि मैं जब-जब ग़लती करूँ
आप मेरे कान खींचिएगा!
पर मेरे हाथ इतने लम्बे कहाँ हैं
कि मैं उनके कान खींच सकूँ!
इसलिए मैं अपने ही—
कान खींच रहा हूँ
क्योंकि
मैंने उन्हें वोट दिया था!

शबनम

शबनम,
जो फूल की नाज़ुक पंखुड़ी पर भी
मेहमान रह पाती है
चन्द लम्हों तक
फिर सूख जाती है
मैंने उसे अपनी जवान हथेली पर
सजाये-उठाये रखा है
इतने लम्बे अर्से तक
पर कोई भी हथेली
उसे कब तक
सजाये रख सकती है
एक लम्बे अर्से से ज़्यादा
जब फूल की पंखुड़ी पर
पड़ी-पड़ी भी वह
सूख जाती है
चन्द लम्हों में!

याद तुम्हारी

सोच रही हो तुम
कि मैं भूल चुका हूँ तुमको अब तक
और व्यस्त हूँ।
लेकिन यह है भूल तुम्हारी
तुम्हें याद रखने को ही तो डूब चुका मैं
याद तुम्हारी क़ायम रखने
डूब चुका मैं—
युद्ध सर्वहारों का लड़ने
उसी युद्ध में पूरे मन से
अपनेपन से
क्योंकि युद्ध जो बार-बार हम रहे हारते
उसे बदलना ही तो होगा कभी जीत में!

मुझे कभी भी लगा नहीं
मैं बिछुड़ा तुम से
मानूँ कैसे
मुझे नहीं है याद तुम्हारी!
मिलने का अवसर ना होना
है मजबूरी या लाचारी
इसीलिए

जब तक मैं लड़ता रहूँ समझना
हर पल मेरे साथ
जी रही याद तुम्हारी!
क्योंकि सर्वहारा हैं अपने
तुम्हें पता है मेरे सपने!

बेहद प्यार

आज
न तुम्हारा नम्बर डायल करना चाहता हूँ
और न पत्र-बम फेंकना
जानती हो क्यों!
सिर्फ़ इसलिए
कि मुझे तुमसे बेहद प्यार है
ज़िन्दगी, सच कितनी लाचार है!

कुर्सीपूजक

कुत्ते मनुष्यों के पाँवों को चाट सकते हैं
लेकिन कुछ मनुष्य
कुर्सी के तलुवे भी चाट सकते हैं!
और
वे जो कुर्सी के तलुवे चाट सकते हैं
वे किसी के भी पाँव चाट सकते हैं
और स्वार्थवश काट भी सकते हैं
कुत्तों की तरह!

आदमजाद होकर भी
कुत्ते से सावधान
की तख़्तियाँ लगाने का रिवाज
बहुत पुराना हो गया है
अब तो चापलूसों (कुर्सीपूजकों) से सावधान
की तख़्तियाँ लगाई जानी चाहिए!

इन्तज़ार

मैंने तुमसे ज़्यादा
सिटी बस का इन्तज़ार किया है
फिर कैसे कह दूँ
मैंने तुम्हें प्यार किया है!

आमरण अनशन

कायर मरते हज़ार बार
वीर मरता एक बार
तो, मैं भी बस एक बार मरूँगा
पर आमरण अनशन हज़ार बार करूँगा।

हाथों की रेख

नज़ूमी
तू किसी अमीर का हाथ देख
घिसती नहीं है निठल्ले हाथों की रेख
मेरे हाथों ने तो गेंती की पीठ को सहलाया है
मैंने मेम साहिबा को नहीं
तगारी को सिर उठाया है
घिस गई है
इससे मेरे किस्मत की रेख।

ज़मीन, ज़मीन होती है

शबनम बहुत नाज़ुक हसीन
होती है
ज़मीन लेकिन ज़मीन
होती है!
उसके चाटे से
प्यास नहीं बुझती
यूँ तो वह
बेहतरीन होती है।

वह भूत नहीं भविष्य है

तुम क्या समझते हो
कि स्कूल के खेल के मैदान
गाँव के कुएँ में सड़ती युवती की लाश में
कोई सम्बन्ध नहीं होता
हक़ीक़त में सम्बन्ध तो उन्हीं में होता है
ज़िन्दा आदमी के बीच तो सिर्फ़ स्वार्थ होता है
तुम इक्वेशन को समझो
यह ज़िन्दगी भी ऐसी थ्योरम है
जिसकी सही-सही परिभाषा
तुम समझने में भूल कर रहे हो।
ख़ून का सम्बन्ध तो वास्तव में उन्हीं का है
क्योंकि ख़ून उन्हीं का किया गया है!

शिलान्यास तो वहाँ करना चाहिए
जहाँ उसकी लाश गड़ी है
और लिखा जाना चाहिए कि यह लाश
अमुक-अमुक के कर-कमलों से हुई थी
ताकि आने वाली पीढ़ियाँ देख सकें
हमारी बेशर्म हरकतों का इतिहास
क्योंकि ग़रीब के हास की इति यहीं हुई थी

ठीक इसी जगह!

तुम ज़्यादा से ज़्यादा एक एफ.आई.आर.
दर्ज करा दोगे पुलिस की फाइल में
कि अमुक जगह, एक लावारिस लाश पायी गई थी
पर मित्र मेरे!
साक्षी के अभाव में उसे पुलिस-केस भी नहीं बना पाओगे
क्योंकि चश्मदीद गवाह तुम्हें अब कब मिलेगा!

और समझदार माँ-बाप उस भूत के डर से
अपने बच्चों को तावीज़ बाँध, स्कूल भेज देंगे
अध्यापक नहीं समझाएँगे
यह बिना समझे
कि जो बिना मौत मरा था
वह भूत नहीं
देश का अन्धकारमय भविष्य हो गया है!

तीन हाइकु

(1)

एक बूँद ने
चमक दूर से
प्यास जगा दी!

(2)

बूँदें टपकीं
मन हरषा कर
वाष्प हो गईं!

(3)

जीवन जैसे
तपे बदन पर
टपकी बूँदें!

लॉटरी ब्रांड समाजवाद

आजकल
मेरे देश के लोग
लॉटरी से लखपति बनने लगे हैं;
कल लॉटरी से
संसद सदस्य बनने लगें
तो ताज्जुब नहीं करना चाहिए।

और हो सके तो
समाजवादी नीति-निर्धारण भी
लॉटरी से करना चाहिए

आख़िर इस भूखे प्रजातांत्रिक देश के
लॉटरी ब्रांड रहनुमाओं को
ईश्वर से भी तो डरना चाहिए
और दबी ज़ुबान कहना चाहिए—
जिसने दाँत दिये, वह दाना देगा
जिसने मुँह दिया, वह खाना देगा।

आख़िर समाजवाद को हमने
विकल्प के रूप में नहीं

शिल्प के रूप में स्वीकारा है!
षट्दर्शनों में,
समाजवादी दर्शन कहाँ है!

वह तो महज चुनावी नारा है!

सर्वजीता

मैंने माना
कि मैं तुम्हें बहुत-बहुत प्यारा हूँ
राजदुलारा तो नहीं
लेकिन दिल दुलारा हूँ।
ठहरो
मुझे तुम सर्वजीता बनने दो
अभी मैं —
सर्वहारा, सर्वहारा, सर्वहारा हूँ!

वेइंग मशीन पर

दुनिया की वेइंग मशीन पर
वर्षों खड़ा रहा
पर बावजूद इन्तज़ार के
टिकट नहीं निकला!
मैं
उसकी जेब में
सिक्का डालना भूल गया था!

हिटलिस्ट

राजनीति से हिटलिस्ट में
नाम आते देख
उन्होंने ख़बरनवीसों को बुलाया
और समझाया
कि उनका नाम हिटलिस्ट में—
सबसे ऊपर आ गया है!
अब उन्हें कौन समझाए
कि हिटलिस्ट में सबसे ऊपर तो
—इस देश का नाम है
जो साम्राज्यवादियों का असली निशान है;
जहाँ के लोग बँटे हैं,
आप इतिहास के पन्ने पलट सकते हैं!

पाँच हाइकु

(1)

देश में कोढ़
लो गांधीनामी ओढ़
जीना चाहो तो।

(2)

मरा करते
लड़की, धरती पै
सिर्फ़ जवान।

(3)

वचन दिया
मगर न आ सकी
मौत आ गई।

(4)

रिश्ता कोई
रास्ता नहीं होता
कि नाम हो ही।

(5)

मेरा तुमसे
कोई रिश्ता नहीं
अपनत्व है।

दो शे'र

मैं मुसाफ़िर की तरह तेरे दिल में आया था,
हमारी राह तो सहरा की तरफ़ जाती थी!

*

तेरी यादों के बादलों की वजह ही हमने,
ज़िन्दगी धूप के फुटपाथ पे गुज़ारी थी!

ग़ज़ल

वे चीख़ते हैं ज़ोर से ले आए हम सहर
तब क्यों अँधेरा रात-सा छाया हुआ-सा है।

तारीफ़ करें बाजुओं की हम तुम्हारे क्यों,
यह जुल्म तो हर दौर में ढाया हुआ-सा है।

दस्ताना पहन, कर रहा है तू अमन की बात
पर दस्त तेरा ख़ूँ से नहाया हुआ-सा है।

महताब आसमान में लगता है यूँ मुझे,
रोटी का टुकड़ा सिर पै लटकाया हुआ-सा है।

कुर्सी पे बैठा जो मुझे पहचानता नहीं,
वोटों की गरज घर मेरे आया हुआ-सा है।

हँसता हुआ-सा दिख रहा बाहर जो बूथ के
लगता है वोट दे के पछताया हुआ-सा है।

तुम कह रहे, इस गीत को लिक्खा अभी-अभी,
क्यूँ लग रहा सौ मर्तबा गाया हुआ-सा है।

जागते हुए सपने

तुम मेरी रफ़्तार से आशंकित हो
मेरे फ़लसफ़े से आतंकित हो!
पर ज़रा सोचो तो सही
कि एकाध सलीब हो
तो उसे कन्धे पे उठा लूँ
ज़िन्दगी कोई रिकॉर्ड हो
तो हर प्लेअर पे बजा लूँ!

यह ठीक है कि मेरे हर क़दम पे
सलीब गड़ी है
पर इन सलीबों के डर से
मैं सपनों को रेहन कैसे रख दूँ!
आख़िर ये मेरे सपने हैं
जो वियतनामी गुरिल्लों-से
मरके भी जीना जानते हैं
लेकिन किसी तानाशाह के
आदेश नहीं मानते हैं!

यादें

ना जाने कितनी यादें
मेरे मन के आकाश में
मौसम बे-मौसम
नन्हीं-नन्हीं बदलियों-सी
उमड़ती हैं
घुमड़ती हैं
किन्तु उनमें से कुछ ऐसी भी हैं
जो जब-जब घिर आती हैं
तो जीवन छितराती हैं
मरुस्थल में दबे
सूखे बीजों को पुन:
सरसा जाती हैं
ना जाने कैसे
ये छोटे-छोटे अंकुर
अंकुर से पौधे
पौधों से पेड़ बन जाते हैं
लहलहाते हैं
मन में उपवन का भ्रम उपजाते हैं
और पल-भर में मिट जाते हैं!
मन फिर मरुस्थल-सा

सूखा का सूखा
वीरान का वीरान!

काश, इन यादों की बदलियों पर
मेरा काबू होता
तो इनके साथ
काहे को हँसता, काहे को रोता!

जो तुमने दिये थे

शब्दों के सुमन
जो तुमने दिये थे
शब्दों के शूल भी तुमने दिये थे
दोनों को पाकर मैं समृद्ध हुआ
शब्दों के सुमनों की महक
अभी बाक़ी है
शूलों का क्या?
शूल ही तो थे
बिना सुरभि के
चुभ कर लहूलुहान कर
छोड़ गए याद-भर
एक कसक चुभन भर दी :
शब्दों के सुमन
जो तुमने भेजे थे
पन्नों के पुटों में बन्द करके
सूखकर भी महक रहे हैं!

अपनी ही आँखों में

आज फिर जब तुम्हें देखा
तो अनायास
दर्पण में अपनी सूरत निहारने लगा
सिर्फ़ अपनी ही आँखों में झाँकना
शेष रह गया है आज
तुम्हारी सूरत को ठीक-ठीक करने याद
इतने दिनों बाद!

तुम्हें कैसे बताऊँ
कि आँखों की रोशनी कम पड़ने के बावजूद
उनमें तुम्हारा वह बिम्ब
ज्यों-का-त्यों क़ायम है!
मुकम्मल है तुम्हारी याद
इतने दिनों बाद!

ख़ुद से फिर करने लगा हूँ बात
तुम्हीं से बतियाने
कितने अजीब होते हैं
जीने के बहाने!

ज़िन्दगी का लेखा

मैंने तेरी अलकों को नहीं
अपनी उलझनों को सुलझाया है!
अपने बच्चों को नहीं
साहबजादों को दुलराया है!
तब तुम्हें मुझसे
शिकायत होना वाजिब है,
जब साहब को भी शिकायत है!

मैंने प्रेम-पत्र नहीं
आवेदन-पत्र लिखे हैं!
तेरी आँखों का नहीं
साहब की आँखों का रंग देखा है
यही तो मेरी ज़िन्दगी का लेखा है!

घर से जाने से पहले
जब-जब तेरी आँख भर आई
मैंने साहब की डाँट खाई है
यही तो मेरे जीवन की कमाई है!
तू माने, न माने, सच कहता हूँ
जीवन-संगी तेरा

साहब के संग रहता हूँ।
कामचोर ही होता
तो बंगले पर काम क्यूँ करता?
बेहया होता तो मेम साहब से क्यूँ डरता?

तू जब-जब रोती है
बरसाती मोती है
शिकार तो मेरी ही 'केजुअल लीव' होती है!
नौकरी जो भी करता है
कहलाता नौकर है!
ग़रीब की ज़िन्दगी
क्या साहब की ठोकर है?

बसन्त क्या आया है

बसन्त क्या आया है!
नये स्नैप्स कुछ लाया है!

ये नन्हीं-नन्हीं कलियाँ
टहनियों के सिर चढ़
यूँ झूलती हैं
जैसे मम्मी के कन्धे चढ़
लाड़ली बच्चियाँ
घमंड से फूलती हैं!

उमंगते ये ढीठ फूल
कलियों से जा टकराते हैं
धीरे से सॉरी कह
क़हक़हे लगाते हैं!

ये टहनियाँ ही
जवान नहीं हो गई हैं
ढीठ गेंदे के रिमार्क से
कलियाँ भी ब्लश हो गई हैं!

हवा के झकोरे मिस
पत्तियाँ क्या सरसराती हैं
जैसे अनाड़ी के क्लास में आने पर
क्लास की क्लास तालियाँ बजाती है!

जूही की कली पर
शबनम का पानी जो छा गया है
मानो ब्वॉय फ्रैंड से
पहली बार बतियाने पर
लड़की को पसीना आ गया है!

कलियों के बीच
भौंरा क्या गुनगुनाता है
जैसे कोई नया-नया लेक्चरर
क्लास में हकलाता है
झेंप मिटाने, बड़बड़ाता है!

मेरा कुसूर

एक बार मैंने
ठूँठ को ठूँठ कह दिया
तब से वह मेरा दुश्मन बन गया
और वक़्त गुज़रते-गुज़रते
कुछ ज़्यादा ही तन गया

और जब मैंने पौधे को पौधा कहा
तो वह मेरी तरफ़
झुक-झुक आता
हाथ हिलाता
फूल बरसाता!

मैंने जो देखा था
फ़क़त वही तो कहा था
आप ही बताएँ
मेरा कुसूर कहाँ था!

तब से मैंने मान लिया
ठूँठ को ठूँठ कहना निन्दा है
और मैं एक निन्दक हूँ

पता नहीं कबीर ने क्यों कहा था
'निन्दक नियरे राखिए
आँगन कुटी छवाय'
कबीर आज होता
तो अपनी क़िस्मत को रोता!
आज ठूँठ को ठूँठ कहना
निन्दा है, गाली है
समझदारों ने
क्या तरक़ीब निकाली है
क्या वाक़ई ठूँठ को ठूँठ कहना झूठ है
क्योंकि वह ठूँठ है!

प्रजातंत्र में

तुम मुझे
सेठों की तिजोरी का ताला बना
लटका देना चाहते हो!
पर ऐसे तालों पर
मज़दूर की एक चोट हूँ मैं
प्रजातंत्र में
समझ से दिया वोट हूँ मैं!

वर्षा

वर्षा के मिस
साफ़ करने
सड़क की स्लेट
छींटे जब डाले
मौसम ने।
ग़ायब हुए
स्लेट से—
अ से अमीर
ध से धनी
म से महाजन
लेकिन
ग से ग़रीब
म से मज़दूर
अभी भी अंकित हैं
वर्षा से
आशंकित हैं।

शरद पूनो

शरद पूनो के बहाने
रजत स्प्रे हो गया
भू पर अमिट!
कि जैसे वित्तमंत्री ने
नये क़ानून द्वारा
आज कर दी
ब्लैक मनी व्हाइट!

फिर बसन्त आया है

सुना है
बसन्त फिर आया है!
फ़िज़ा से तो नहीं लगता
ताज़गी कहाँ लाया है?
कैलेंडर ने बताया है—
फिर बसन्त आया है!

वरना दुधमुँही कलिकाओं की उदास शक्लें
तो जैसे बताती हैं, समझाती हैं
कि नई पीढ़ी बेहद उदास है,
खिन्न और हताश है!
आस-पास की ज़मीन भी तो सूखी है
नई पौध
जैसे प्यासी है, भूखी है!
पर हाँ, बूढ़ी अमरबेलियाँ तो पसर रही हैं
फल-फूल रही हैं
नई पीढ़ी के सिर पै झूल रही हैं!
इन अमरबेलियों का बोझ
दुधमुँही पौध ढो रही है।

मौसम तो बदला है,
पर गुलाब ने गेंदे को
शुभकामनाएँ नहीं भेजी हैं
कहता है, तुम्हारी भाषा हिन्दी
—मेरी अंग्रेज़ी है।
कानाफूसी बता रही है
कि जाति-धर्म की क्यारियाँ ऐंठी पड़ी हैं
हदों के लिए लड़ रही हैं।

हर नया अंकुर ग़म में डूबा है
कह रहा है—
यह तुम्हारा प्रान्त है
यह हमारा सूबा है।

खटका तो हुआ है,
ज़रा देखिए कोई आया है
दस्तक भी है, दरवाज़ा खटखटाया है
कौन, बसन्त
या बस अन्त
आस-पास तो मातम की छाया है
सुना है, फिर बसन्त आया है!

सर्पविरोधी गीत

दरअसल तुम्हें
न आदमी की पहचान है
न सर्प की!
आहट से जो सर्प
घुस गए हैं बिल में
निश्चित वे नहीं हैं महफ़िल में,
पर इसका अर्थ यह तो नहीं
कि वे मर गए हैं
फ़क़त इसलिए कि वे डर गए हैं!

वे कार्यालयों की फ़ाइलों
औ' विश्वविद्यालयों की किताबों में—
दुबक गए हैं।
तुम उनके निकलने से बनी
लकीरों पर लाठियाँ बजाते रहो
या फिर गोष्ठियों में सर्पविरोधी गीत गाते रहो!

कुर्सी

कुर्सी
पहले कुर्सी थी
फ़क़त कुर्सी
फिर सीढ़ी बनी
और अब
हो गई है पालना
ज़रा होश से सँभालना!

भूख से नहीं मरते

हमारे देश में
आधे से अधिक लोग
ग़रीबी की रेखा के नीचे
जीवन बसर करते हैं
लेकिन भूख से
कोई नहीं मरता
सभी मौत से मरते हैं
हमारे नेता भी
कैसा कमाल करते हैं!

नाइट लैम्प

तुम्हारी वह शिकायत वाजिब है
कि मुझे तुम्हारे साथ
हमदर्दी नहीं है
जो एक जलने वाले को
जलने वाले के साथ होनी चाहिए
चूँकि एक जलनधर्म के नाते
हम हमदर्द हैं
नपुंसक नहीं मर्द हैं

हालाँकि एक तुम्हीं तो हो
जो रात-रात जलते हो
शाम से सुबह तक
अँधेरे को अँधेरा रखते हो—
हरते हो...!
बंगलों में
पलँगों की अगल-बग़ल
तुम्हीं, सिर्फ़ तुम्हीं जलते हो!
बड़े-बड़े, सभ्य, शिक्षित, सुसंस्कृत,
शिष्ट, संवेदनशील, सुकोमल लोगों की
कानाफूसी, हँसी-मज़ाक़, दुःख-सुख

रति-विलास के आइ-विटनेस
चश्मदीद गवाह
एक तुम्हीं होते हो!

तुम हो तो उनके दु:ख-दर्द में
रोते हो!

दिखाते हो अँधेरे में चेहरा
अधरों की मुस्कान
और तुम्हारे से ही तो कटती है
बड़ों की रात
सच कितनी बड़ी बात!

नरक बेहतर है

मैं बचपन से चिन्तित था
कि स्वर्ग किस तरह पहुँच पाऊँगा!
पर जब पढ़-लिखकर
मंदिर, कॉलेज, धर्मशाला में लगी
स्वर्गीय सेठ की स्मृति में निर्मित
संगमरमर की तख़्तियों को पढ़ा
तो मैंने तय कर लिया
कि जहाँ ऐसे लोग गए हैं
मैं उस स्वर्ग में हर्गिज नहीं जाऊँगा
ऐसे स्वर्ग से तो नरक बेहतर है
स्वर्ग में सेठ
और नरक में मेहतर है!

दाएँ-बाएँ

मैं तुम्हें कैसे समझाऊँ
फूल की गन्ध
रंग से कैसे बतलाऊँ?
भई जो दाएँ दौड़ता है
वह बाएँ नहीं दौड़ता
और जो दोनों तरफ़ दौड़ता है
वह दौड़ता लगता तो है
पर हक़ीक़त में दौड़ता नहीं
खड़ा रहता है, खड़ा
तटस्थ मनोवृत्तिवाले समाज में
वही सबसे बड़ा
वही रहता है
तेरे-मेरे कन्धों पे चढ़ा
इसी से दौड़ता नज़र आता है
दुनिया का इतिहास
यही तो बताता है
सबसे ज़्यादा ख़तरा उसी से होता है।
उससे नहीं
जो बोझा ढोता है।

ऐसे कीमियागर हैं वे

तसल्ली हो गई ना तुम्हें,
हो गया ना मन को सन्तोष!
पड़ गया ना ठंडा रोष
उसे अचानक मार-काट कर फेंक
उसे, जो कल तक
तुम्हारा पड़ोसी था
या पड़ोसी का पड़ोसी
या जला देने से उसे ज़िन्दा
पेट्रोल छिड़क कर
उसे, जिसे तुम
ज़रा भी जानते तक नहीं थे
कि वह कौन है
क्या है उसका नाम?
फूँक डाला ना उसे
फ़क़त इसलिए कि तुम अन्धे हो गए थे—
जोश में

या बना दिया था हिंस्र पशु तुम्हें
उनके जादू ने थोड़ी देर के लिए
इन्सानी देश में!
क्या मिला तुम्हें

ख़त्म कर देने से उसकी ज़िन्दगी
जिसे तुमने नहीं दी थी उसे
तब तुम्हें लेने का अधिकार
किसने दे दिया?
संविधान ने, धर्म ने, या विदेश ने?
फ़क़त एक अज्ञान या अन्धे होश ने
कि तुम आज उसे मार देने की स्थिति में हो
मन की तसल्ली के लिए!

उसने तुम्हें तो नहीं था मारा
फिर तुम्हीं ने उसे क्यों मारा?
क्या फ़क़त इसलिए
कि उसके जैसे दिखने वाले किसी ने
किसी को, किसी तरह, किसी के कहने से
मारा था
अपनी बेवकूफ़ी में
वहशीपन या जंगलीपन से,
पढ़ते हुए, चाटते हुए, वे सारे के सारे ग्रन्थ
इनसानियत, प्रेम और करुणा के उपदेश—
—बघारने वाले पोथे
रहे ना थोथे के थोथे।

और तुम भी बौने न दिखने की ख़ातिर शहर में रहते हुए भी
वहशी और जंगली हो गए
क्या वे इसीलिए लिखे गए थे
लेकिन तुमने उन्हें पढ़ा ही कब
कब पढ़ना सीखा भी
कि तुम उन्हें पढ़कर
जंगली से इनसान बन सको
बन सको आदमी, महान् नहीं एक अदद आदमी!

मिटा डाली ना ख़ुशहाली उनके घरों की
बुझा डाली ना टिमटिमाती रोशनी की लौ
उनके झोपड़ेनुमा घरों की।
कर दिया ना उनकी बीवियों को अभागिन
बच्चों को यतीम
उजाड़ दिये ना वे सब ठिकाने
जो कल तक उनके घर थे
सूनी पड़ी है वह सारी ज़मीन
क्या करोगे इतनी ज़मीन का?
मरने के बाद तो तुम्हें भी
छः फुट ही मिलेगी ज़्यादा-से-ज़्यादा!
घर जाकर अपना चेहरा देख लेना
देख लेना अपनी मर्दानगी
उन्हें जिन्हें तुम नाम, काम-धाम से जानते नहीं
शक्ल-सूरत से भी पहचानते नहीं
पहचानते भी थे तो फ़क़त
वस्त्रों से, दाढ़ी से, चोटी से
या ऐसी ही किसी निशानी से
लेकिन अब तो वे सब निशानियाँ
राख के ढेर में बदल गई हैं।
बहुत कुछ मिलेगा तुम्हें इस राख के ढेर में
मुट्ठी-भर बाजार ले जाकर देख लेना उसकी क़ीमत
दाँतों या अस्थियों के टुकड़ों को,
क्या करोगे तुम इस राख के ढेर का
टटोलकर देखो तो सही
कुछ भी नहीं इस ठंडी राख में,
इस राख से
जैसे तुमने अपने सारे जीवन-मूल्यों को
राख कर दिया है
अपने ही हाथों!

न सही दाग़ राख के तुम्हारे हाथों में
राख आख़िर राख ही तो है।
सिर्फ़ उसकी अस्थियों की ही नहीं
जिसको तुमने जलाया था, फूँका था
तुम्हारी इनसानियत की भी राख है ये,
निश्चित ही वे नहीं रहे, जिन्हें तुमने मारा था
लेकिन तुम भी तो तुम कहाँ रहे
गँवई या शहरी!
तुम भी तो गाँव या शहर होते जंगली बन गए
तब मैं तुम्हें जबलपुरी, भोजपुरी, फलाँ शहरी
क्यों कहूँ!

जब तुम जंगली ही बन गए निरे जंगली
तुम समझ रहे हो
तुमने उनका शिकार किया है
या वह हुआ है तुम्हारा शिकार
हक़ीक़त में तुम ख़ुद शिकार हुए हो उनके
जिनके करिश्मों को तुम समझ ही नहीं सकते।
जिनका जादू सिर चढ़कर बोलता है
जब-जब बोलता है
तुम्हारा ख़ून खौलता है
क्योंकि वे बहुत ज़्यादा शरीफ़ हैं
—शरीफ़जादे हैं

और उनकी गोली के नहीं
उनकी शराफ़त के शिकार हुए हो तुम, हाँ तुम
तुम जो कल तक शरीफ़ थे
आज जंगली कैसे बन गए हो?
बस्ती में, गाँव व शहर में रहते हुए
और वे हैं ठीक पहले की तरह

कि आज भी शरीफ़ हैं,
एकदम सफ़ेदपोश भी
उनके लिए सब वाजिब है, सब ठीक है।
क्योंकि उन्होंने शराफ़त ओढ़ी हुई है!
इनसानी लिबास ओढ़ लेने से ही तो
कोई इनसान नहीं होता
और नहीं होता है कोई
शहरों में रहने से शहरी!
जिस तरह बढ़ रही है
हताशा व अंदेशा मुझे होता है
क्या जंगल बन जाएँगे
आदमियों के बसने के लिए?
और शहर हो जाएँगे जंगल!
कहीं ये शहर जंगल न हो जाएँ
क़रीने से बसाए हुए
और आदमी को रहने के
लिए ढूँढ़नी पड़े जगह जंगल में!
जहाँ से वह कभी सभ्य होने
गाँव व शहर की तरफ़ आया था!

लेकिन तुमने उन ग्रन्थों के रचयिताओं को
बौना साबित कर दिया
अपने जंगली करिश्मे से
और ख़ुश हो कि तुमने बदला ले लिया है
इनसानों की बस्ती जला कर, राख कर बस्ती को!
मैंने देखी है उस जलती हुई बस्ती की रात
और तुम्हारी हस्ती की ओछी बिसात
पहचान गया हूँ मैं तुम्हें,
तुम आदमी होने लायक थे ही नहीं
समझ गया आदमी नहीं बन सकते भेड़िये कभी,

धर्मग्रन्थों को चाट-चाट कर भी
न बन सके तुम और कुछ
लेकिन शहरी बन ही गए थे
तो जंगली तो नहीं बनना था तुम्हें!

वे एक फूँक मारते हैं, धीरे-से
और हो जाती है बस्तियाँ की बस्तियाँ राख
ऐसी है उनकी साख
ऐसे कीमियागर हैं वे
तुम उनकी फ़ितरत क्या जानो!
जादू वह नहीं जो सिर चढ़कर बोले
जादू वो कि सर्द ख़ून खौले
और अब वे ही तुम्हारे खौलते हुए ख़ून पर
छींटे मारने आएँगे
ठंडे शीतल जल के छल के
और बन जाएँगे, अमन के मसीहा!
पर तुम तो बौने के बौने ही रहोगे
उन्हीं के करिश्मे से
तुम गँवई या शहरी से जंगली बने थे
बहुत दूर से हवा में उड़ती चिनगारी को
घास में फूँक मारकर
दूर खड़ी घास में आग लगा देने का फ़न
तुम क्या जानो!
उनके लिए तुम तो सूखी घास हो
इसी से उनके पास हो!
घास को वे इस तरक़ीब से सूखी ही रखते।
हरी भी नहीं होने देते
क्योंकि उनके लिए घास का सूखी रहना—
ज़रूरी है!

सच, कैसा अन्धेर है

आपके पास बैठने से
यह रंग आपके लग नहीं जाएगा
नहीं सर, नहीं
यह काला रंग इतना कच्चा नहीं है
वर्षों की मेहनत मशक़्क़त से
यह इतना गाढ़ा, काला हुआ है
आप ख़ामख़्वाह डर रहे हैं
और फिर आपके पास
मुझे बैठना ही कितनी देर है
सच कैसा अन्धेर है!
इस काले रंग की ख़ूबियाँ भी तो
आप जानते ही हैं

आप जब चाहें झापड़-पर-झापड़ लगाएँ
कोड़े-पर-कोड़े चलाएँ
इस काली चमड़ी पर
आपकी श्वेत चमड़ी की तरह
कोई निशान नहीं उभरेंगे
कितना चोट-प्रूफ़ है यह रंग
क्योंकि यह सियाह रंग बहुत सियाह है!

और फिर सर, आप तो कई बार
गिरजाघरों से लौटते
नशे में धुत हमारे घरों में आते रहे हैं
वक़्त-बेवक़्त
कई बार कुत्ते और घोड़े छोड़े हैं,
आपने हम पर

और हम डामर की सड़क पर बिछ गए
पर्त की तरह, गर्म-गर्म रेती पर
पर तब जो ख़ून निकला, वह काला कहाँ था
वह लाल था सर, एकदम लाल
दफ़न हुई हड्डियाँ भी तो काली नहीं मिलीं ना!
कहाँ होती है, मिट्टी बनी देह काली
कहाँ हैं काले, हमारे दाँत, नाख़ून
ख़ून, हथेलियाँ, तालू, जुबान
फिर इतना डर किस बात का
सिर्फ़ चमड़ी के काली होने का!
सर, हम लोग पीढ़ियों से
जंगली घास की तरह
भरपूर धूप में बड़े हुए हैं
चीथड़ों की गेंद खेलते-खेलते
एकदम नंगे बदन
एकदम भूखे पेट
आपकी फुसफुसाहट से दिल बहलाते
हर क्षण आपके भ्रू-संकुचन से डरते-डरते
क्या आप भी भूखे पेट, दिल बहला सकते हैं!
भूखे पेट वालों को बहला सकते हैं!
हर समय मौत के ख़ौफ़ को कन्धों पर उठाये
इधर से उधर किराये के
सामान की तरह काम करते

घिसटते, टूटते, जीते-मरते, गँवार हम
मेरी मन की नहीं
तो कम-से-कम मेरी हड्डियों की सफ़ेदी में आप
यक़ीन करें सर, यक़ीन करें
काली नहीं हैं,

और देखी भी होंगी कभी तो
आपके कुत्तों द्वारा काट खाने पर
या आपके हंटरों से चमड़ी उधड़ जाने पर
कभी तो झलक पड़ी होगी
कभी तो हुई होगी आपकी
नज़रे-इनायत!
या फिर सिर्फ़ चमड़ी पर ही रही है, आपकी नज़र!
हाँ, रंग तो कोयले-सा ही है सर!
सियाह एकदम सियाह!

लेकिन सर, कोयला भीतर जो
आग समेटे होने से ही
तो काला होता है।
हमारे भीतर भी गुलामी के
जुल्मों की आग है!
उसे समेटे हम भी
अर्से से ऐसे ही जी रहे हैं
शायद इसी से काला हो गया है हमारा रंग
युगों से काला सियाह अन्धेर ही तो सह रहे हैं!

पोस्टर

मैं एक पोस्टर हूँ
सड़क या दीवार पर
चिपका हुआ इश्तहार
तुम चाहो
सैनिक ट्रक के नीचे कुचल सकते हो
फाड़कर चिन्दी-चिन्दी कर सकते हो!
पर उससे क्या?
मैं ज़माने के दर्द को तो
बेनक़ाब कर चुका हूँ,
कुचल कर समझ लो
मर चुका हूँ!

तुमने कहा था

तुमने कहा था—
'इसलिए कि जो है उससे बेहतर चाहिए
पूरी दुनिया साफ़ करने के लिए मेहतर चाहिए
वह मेहतर मैं हो नहीं पाता'
उस मेहतर की जगह
वे अफ़सर हो गए हैं!

तुम्हीं ने लिखा था—
कि 'कोई काम बुरा नहीं
बशर्ते कि आदमी खरा हो'

पर दोस्त!
अब तो आदमी ही
न खरा रहा, न खोटा
हर एक ने ओढ़ लिया है मुखौटा

पता नहीं तुम्हें कैसे लगा था कि
'जीवन में आज के
लेखक की कठिनाई यह नहीं है कि
कमी है विषयों की

वरन् यह कि आधिक्य उनका ही
उसको सताता है
और वह ठीक चुनाव कर नहीं पाता है।'

पर आज उसे रेडियो, पत्रिका, पाठ्य-समिति में
ठीक-ठीक विषय आसानी से मिल जाता है
जो अपने साथ चैक भी ले आता है।

तुम्हें क़दम-क़दम पर भ्रम होता था कि
'प्रत्येक पत्थर में चमकता हीरा है
हर एक छाती में आत्मा अधीरा है...
...प्रत्येक वाणी में
महाकाव्य पीड़ा है।'

आज तुम होते तो
सारा भ्रम मिट जाता
प्रत्येक हीरे में
चमकता पत्थर नज़र आता
प्रत्येक महाकाव्य में वाणी, महज वाणी
पुरस्कार दिलाने वाली, सरस्वती कल्याणी!

गुमशुदा की तलाश

देश के दिल दिल्ली
और जिगर के आसपास
नवम्बर चौरासी के पहले दिन
हुए क़त्लेआम के बाद से
तुम अभी तक घर नहीं लौटे हो
वैसे तिया, तेरहवीं, पखवाड़ा, मास
सभी तो बीत चुके हैं
तुम्हारे अपने लोगों के आँसू
अभी नहीं रुके हैं
रुकेंगे भी नहीं
जब तक तुम नहीं लौटोगे
लेकिन तुम कोई सुबह के भूले तो थे नहीं
कि शाम तक घर लौट आते
और हैवानियत की कहानी सुनाते!

तुम्हारे लोग अख़बारों में
गुमशुदा के विज्ञापन दे-देकर
नाकाम कोशिश कर रहे हैं
तुम्हें खोजने की।
हम उन्हें किस मुँह से बताएँ

कि तुम नहीं लौटोगे
तुम कोई भूले-भटके तो नहीं।

रास्ता भटकाने में माहिर लोग
लूटपाट कर कभी के घर आए लौट
होकर सत्ता की ओट
तुम बेओट बेखोट थे
गुम हुए भी नहीं तुम
फ़क़त ख़त्म कर दिये गए
झरे नहीं ज़िन्दगी से
जैसे झरता है पत्ता।
गुम तो वे हुए हैं (उस भीड़ में)
जो तुम्हें ख़त्म करने के लिए ज़िम्मेदार हैं
सभी जानते हैं उनका पता
लापता नहीं हैं वे
काश, हम उन लोगों की तलाश करा पाते
जिनकी वेशभूषा, क़द, काठी, रंग-ढंग,
नाम-हुलिया
सभी का जाना-पहचाना है
काश, प्रेस रिपोर्टरों की निशानदेही पर तो
ढूँढ़ लिये जाते
अपने अड्डों से
ढूँढ़ लिये जाते उन जगहों से,
जो जगहें, कभी से जानी-पहचानी हैं
ढूँढ़ लिये जाते थे, हत्यारे शातिर
पहचाने जाकर भी नहीं पहचाने जाते
बहुरूपिये।

हम जानते हों तो भी क्या
पुलिसवाले नहीं जानेंगे

पहचानकर भी नहीं पहचानेंगे
वे पुलिस के हैं, पुलिस उनकी है
हालाँकि, थानों के ख़ानगी रोज़नामचे में—
उनका निक नाम है।

मैं महादेव नहीं

मैंने महादेव की तरह
ज़हर को कंठ में नहीं रोका है!
उसे पचाया है!
मैं महादेव नहीं
मैं आदमी हूँ आदमजाद हूँ
ज़हर को कंठ से नीचे
उतारने वाले के कंठ से
कुछ ज़हरीले शब्द निकलते भी हैं
तो तुम चौंकते क्यों हो?
क्या तुम आदमी नहीं हो?
यदि हो तो फिर समझते क्यों नहीं
जो निगलता है
वह कभी-कभी उगलता भी है!
ज़हर को यूँ तो पूरी तरह जज़्ब
मिट्टी ही कर सकती है
लेकिन मैं जड़ मिट्टी नहीं, आदमी हूँ
तुम मुझे देव बनाना चाहते हो
ताकि तुम बिना ज़हर निगले
महादेव बन सको!

वरना ऐसा क्यों होता है
मैं जब-जब तुम्हें देखता हूँ
तो मुझे ख़ुद के आदमी होने पर
शक होता है
बहुत सम्भव है कि
मैं ज़हर को पचाकर
आदमी ही नहीं रह गया होऊँ
शक्ल तो तुम्हारी ठीक आदमी जैसी है
पर ठहरो
मुझे फिर से
अपनी शक्ल देख लेने दो
आदमकद चमकती-सी आँखों में।

अच्छा!
तो तुम इन्हीं आँखों से
दुनिया को देखते हो ना!
तुम्हारी आँखों में बसी दुनिया
गोल-मोल तो है
पर इतनी छोटी कैसे है?
शायद तुमने कभी
ज़हर नहीं चखा है!
उसे पचाने की तो कल्पना
से भी अनजान हो
शायद इसी से तुम
महादेव से भी महान् हो!

मैं अकेला नहीं

मैं अकेला कभी न था
और न आज हूँ
क्योंकि मैं तो
सर्वहारा की आवाज़ हूँ
उनका हँसना मेरा हँसना है
उनका रोना मेरा रोना है
दुनिया
जिनके मिट्टी-सने हाथों बना
खिलौना है।

मैं धरती के कोनों में

तुम तो चाहते हो
कि मेरी ज़िन्दगी
भीड़-भरे चौराहे से
एक शवयात्रा-सी गुज़र जाय
एकदम ख़ामोश, उदास
गोया ज़िन्दगी कुछ और न हो
महज़ साँस लेती लाश!
और तुम,
थोड़ा-सा मुँह लटकाकर
यानी कुछ-कुछ सीखें बना
मेरी अर्थी को
कन्धा देकर समझ लो
कि तुमने अपने दोस्त के प्रति
अपना फ़र्ज़ पूरा कर लिया है
या कि फिर यह कह दो
कि बेचारा कितना कम जिया है।
और शोक प्रस्ताव पारित कर
उसे काले बॉर्डर के बीच छपा दो
नहीं दोस्त, नहीं!
मैं तो मर कर भी

धरती के उन कोनों में
धधकना चाहता हूँ
जहाँ सर्वहारा जीने के लिए
साँस लेने के लिए संघर्ष कर रहा है।
मैं तो मरकर भी
उनको दहशत में डालना चाहता हूँ,
जो मेरी शवयात्रा में शरीक होकर
मेरी आकस्मिक मौत के प्रति
सहानुभूति दिखाना चाहते हैं।
क्योंकि
मेरी लाश के प्रति सहानुभूति
मेरी ज़िन्दगी को मारी गई ठोकर
से ज़्यादा क्या माने रखती है!
आख़िर मैं अपनी ज़िन्दगी को
महज ऑक्सीजन खींचना
और कार्बन-डाईऑक्साइड छोड़ना
कैसे मान लूँ!
एक पूरे इन्सान की ज़िन्दगी
भ्रष्ट व्यवस्था के जूते में
काटने वाली कील भी न बन सके...!
तो फिर उसका अर्थ?

लाश के साये तले आने वाले आँसू
उनकी हमदर्दी के नहीं
नामर्दी के प्रतीक होते हैं
जो आफ्टरशेव लोशन लगे गालों से
ख़ुद की मौत की कल्पना-से
अनायास ही उमड़-उमड़
जल्दी-जल्दी फिसलते हैं।

रेखांकित हक़ीक़त

किसने कह दिया तुम्हें
कि मैं कविता लिखता हूँ
मैं कविता नहीं लिखता
मैंने तो सिर्फ़
जन-मन के दर्द के नीचे
एक रेखा खींच दी है।
हाँ, दर्द के नीचे
फ़क़त एक रेखा
गहरी बहुत गहरी
क्या करूँ
व्यवस्था है बहरी!
पुनरावृत्ति दोष तो है
पर कहता हूँ
एक रेखा खींच दी है :
आपने नाहक
मुट्ठियाँ भींच ली हैं!

उस चौड़े सपाट राजमार्ग पर
वह जो
पुलिस की गोली का शिकार

एक औरत
लम्बायमान पड़ी है
वह भी तो
व्यवस्था के ज़ुल्म को
(जन-मन के दर्द को)
रेखांकित कर रही है।
मेरी रेखा
हक़ीक़त में
उसी लाश की प्रतीक है!

मरने के बाद

दोस्त मेरे!
मुझे मरने के बाद
चाहे जलाना या गाड़ना
या कहीं उछालना
कोई फ़र्क़ नहीं पड़ेगा
लेकिन हाँ
यदि हो सके तो
तुम एक गहरा गड्ढा खोदकर
मेरे इस राशनकार्ड
इस परमिट, इस डिग्री को
केरोसिन की इस ख़ाली बोतल को
किसी मौसम-प्रूफ कैपसूल में रखकर
इतना गहरा गाड़ देना
कि कभी आने वाली पीढ़ियाँ
पुरातत्त्व के मोह में
ज़मीन खोदें
तो उन्हें पता चल सके—
इस आज़ाद देश में
एक काल ऐसा भी था

जब राशनकार्ड तो होता था
पर धान नहीं मिलता था

परमिट तो मिलता था
छप्पर नहीं मिलता था
ख़ाली बोतल तो मिलती थी
केरोसिन नहीं मिलता था
जिस डिग्री को नौजवान
दुल्हन की तरह घर लाता था
कमरे में सजाता था
उम्र-भर साथ लिये फिरता था
उस डिग्री से नौकरी नहीं मिलती थी :

ऐसा स्वर्णिम काल था वह
ऐसा रामराज्य था
भारत हर स्तर पर विभाजित था
जब साम्यवादी दल
शासक दल से मिल-जुलकर
चुनाव लड़ता था
हँसिये और गाय का
समाजवादी नाता था!
और यदि तुमको
किसी मिनिस्टर की अध्यक्षता में होने वाली—
गोष्ठी से
फ़ुर्सत न मिले,
तो मेरे इस राशनकार्ड को
इस डिग्री को, इस परमिट को
मेरे फूल समझ कर
पावन गंगा मैया में बहा देना
ताकि मुझे ये सब

स्वर्ग में मिल सकें!
इस देश में
हर ईमानदार और बेईमान
मरने के बाद
स्वर्गीय ही हो जाते हैं!

सही ज़मीन

आपकी इस्लाह के लिए शुक्रिया
मुझे आपकी बात की
इसलिए परवाह नहीं
क्योंकि मेरे पाँव
सही ज़मीन पर टिके हैं
ये ज़मीन मुझे गर उछाल नहीं सकती
तो गिरा भी नहीं सकती
कितनी मुश्किल से मिलती है
किसी को सही ज़मीन!

तुम्हें तुम्हारा आकाश मुबारक़!
मेरा उससे क्या वास्ता
अलग ही सही
मेरी मंज़िल मेरा रास्ता।

बहुत चाहा

बहुत चाहा
अवाम के दर्द को पी लूँ
और
एक ज़िन्दगी जी लूँ
मगर, न जी सका

अवाम के दर्द को न पी सका!

कविता का अर्थ

मेरी भाषा का व्याकरण
पाणिनि नहीं
पददलित ही जानते हैं
क्योंकि वे ही मेरे दर्द को—
पहचानते हैं :
मेरी कविता का कमल
बगीचे के जलाशयों में नहीं;
झुग्गी-झोंपड़ियों के कीचड़ में खिलेगा
मेरी कविता का अर्थ
उत्तर-पुस्तिकाओं में नहीं
फुटपाथ पर मिलेगा!

समाधि लेख

मैंने
इसीलिए आँसू नहीं टपकाया
कि आँसू की एक बूँद
जुल्म के आगे पूर्ण विराम-सी खड़ी
देह के पाँव तले गिर कर
उसे विस्मयादिबोधक चिह्न न बना दे!
और अब
साँस थकने पर जो
डैश-सा पसर गया हूँ मैं
यह न समझना कि मर गया हूँ मैं!
हक़ीक़त में पसरने के बहाने
ज़िन्दगी को ही रेखांकित कर रहा हूँ
मैं, हाँ मैं!
सर्वहारा मैं!
तुम्हारा मैं!!

अन्य कविताएँ

नया अध्याय

इस पतझड़ की शुष्क घिनौनी जलवायु में—
खिल पाएगा चिरयौवन का चमन कहाँ तक?
थके प्राण ले रहे शरण जब चिरनिद्रा की
कहो चलेगा मुक्त श्वास का पवन कहाँ तक

आज ज़िन्दगी है ज़हरीला जाम पी चुकी,
व्यथित विकल ये श्वासें साहस छोड़ रही हैं।
सभ्य जगत् के चौराहों की चहल-पहल में
आज ज़िन्दगी तड़प रही, दम तोड़ रही है।

देख क्रौंचवध, वाल्मीकि! तुम पिघल गए थे,
लखते नरसंहार आज क्यों पत्थर बनकर?
बिलख रही भूखी नंगी हर घर की सीता,
तुलसी! देख रहे क्या हो हिमगिरि से तनकर?

मक्खन के क्या, आज छाछ के बर्तन ख़ाली,
सूर! कहो, क्या कृष्ण पाएगा इन्हें फोड़कर?
आज ग्रसित है चन्द्रवदन हर मृगनयनी का,
रसिक बिहारी! क़लम फेंक दो आज तोड़कर!

जो भूखे मर गए राम को जपते-जपते,
कहो स्वर्ग में उन्हें मिलेंगे वैभव सारे?
नहीं भरोसा चमक सकेंगे क्षण-भर नभ में
मिट्टी में मिल गए टूट जो नभ के तारे!

मैं विद्रोही, घोर नास्तिक हूँ बाग़ी हूँ,
धर्मराज! मैं नहीं भागने दूँगा वन को
राम! नहीं सीता को ठोकर लगा सकोगे,
कृष्ण! फूँक तुम नहीं सकोगे खांडव वन को।

दो मुट्ठी के हाड़-माँस का पुतला कैसे,
कृष्ण! तुम्हारे कर्मयोग को साध सकेगा?
भोग रहा जो नरक ज़िन्दगी की बग़िया में,
शंकर! कब तक ब्रह्म सत्य को याद रखेगा?

आज वेद पर वेद जल रहे हैं काशी में,
आज कुरानी आयत भी दम तोड़ रही है,
आज ढह रहे मन्दिर-मस्जिद काबा-काशी,
आज नया अध्याय मनुजता जोड़ रही है!

जीवन की परिभाषा

जीना नहीं
मरना पर खातिर
बन जाती है जिसको आदत
वही, एक बस वही
मृत्यु पै अट्टहास कर
दे सकता है दोस्त! शहादत

इसीलिए तुम
भारत की बंजर ज़मीन को चमन बनाने
खाद बन गए!

दोस्त! तुम्हारे मन में
क्या नेता बनने की
यानी फूल पुहुप बन
डाली पर खिलने की
चाह न जागी?
झूल गए फाँसी पर
जैसे झूला हो वह।
लगा तुम्हें ज्यों
हाथ प्रेयसी के ही तब गलहार बने हों

कैसा यौवन पाया तुमने मेरे बाग़ी!
दोस्त! काश तुम इसी चमन में
प्रस्तावों का पानी दे
माली बन जाते
कुर्सी पाते!
औ' नेता की मौत मरे होते
तो फिर ये
घाट-घाट पर शीश झुकाने वाले नेता
बजा मातमी धुन, चन्दन की चिता सजाते
वायुयान से भस्म तुम्हारी भी छितराते
संगम के पावन प्रवाह में
अस्थि विसर्जन का उत्सव कर
ओढ़ उदासी
नत-सिर होकर
चित्र खिंचाते!
मगर वरण कर मरण
तुम्हें देनी थी
जीवन की परिभाषा!

पूरा सही मुहावरा

यह विधान तुम्हारा, तुम्हीं सँभालो
हमें तो धान चाहिए, धान
भूख की होती है दोस्त! एक ही ज़ुबान
वह न हिन्दू होती है, न मुसलमान
न सिक्ख, न क्रिस्तान
केवल भूख होती है
और प्रान्तों का सच, सच ही होता है।
ज़ुबान का सच
सच हो भी सकता है
नहीं भी हो सकता।

दोस्त! मेरी यह भाषा
प्रान्तों की भाषा है
कॉलगेट से मँजे दाँतों की नहीं
यह ध्वनि, ओष्ठ्य नहीं, दंत्य नहीं, वृत्य नहीं
आंत्य है आंत्य
इसके निकलते वक़्त
प्राण आँतों से टकराते हैं
विस्फोट होता है
लोग सहम जाते हैं।

और भूगोल में
उर्वरा मिट्टी को पहचानने वालो!
तुम क्या जानो कि नदी डेल्टा से लाई गई
काली मिट्टी ही उर्वरा नहीं होती है
ग़रीब हरिजनों व अल्पसंख्यकों की अस्थियों
के मिट्टी में मिल जाने से
इतनी अधिक पवित्र हो गई है
कि उससे बार-बार तिलक करने की
इच्छा होती है!
इस देश की मिट्टी!

इतिहास-भूगोल

मेरे देश का इतिहास रटने वालो,
और भूगोल समझने वालो,
तुम क्या जानो
कि तुम निरे बेवक़ूफ़ हो
कि हमारे महान् देश के इतिहास में—
जाकी बिटिया सुन्दर देखी ता पे जाय धरे हथियार—
वाले राजाओं की
अमरकथाएँ तो तुम्हें पढ़ने को मिलेंगी
या फिर शील-रक्षार्थ जौहर करने वाली रानियों की
भी गौरव गाथाएँ
लेकिन बेगार से थकी-थकाई हरिजन कुमारियों
के साथ बलात्कार करने के बाद
उन्हें रात के अँधेरे में
खेत में गाड़ देने की—
पावन दास्तानें नहीं मिलेंगी!
राम-रहीम की आड़ में
गाय-सुअर से भड़काए जाकर
मारे गए ग़रीब हिन्दू-मुसलमानों
के क़िस्से इतिहास में नहीं मिलेंगे!

मेरी तरक़्क़ी आज भी मंत्री की
जेब में है!
मेरी क़िस्मत
अफ़सर की बीवी के पर्स में
क़ैद क्यों है?

बँगलादेश या वियतनाम में हुए
धमाकों से
न अफ़सर के टी.ए.डी.ए. में फ़र्क़ पड़ता है
और न तराजू के तौलों में!

लोग भूगोल के नाम पर
भू का गोलमाल कर रहे हैं।
मेरी भूखी अँतड़ियों का राग सुन कर
लोग तालियाँ बजाते हैं
और सुरक्षा कोष में चन्दा दे जाते हैं!

हमारा संविधान

संविधान कोकशास्त्र तो नहीं है
और कोकशास्त्र के नियम भी
इतने चतुराईपूर्ण, उलझे हुए वंचक तो नहीं हैं!

आदमी आज आदमी न रह कर
झंडों का दलाल कैसे बन गया है!
वेश्या का भी चरित्र होता है
लेकिन मेरी सरकार का तो वह भी
नहीं है।

भूख कब राष्ट्रीय हुई है!

आँकड़ों के कृत्रिम गर्भाधान केन्द्र
से अधिक क्या हैं
मेरे देश के सचिवालय?

अफसरीकरण कर दिया गया है
मेरे देश की क़िस्मत का
कार पार्किंग और रोटी के लिये
क़ानून तोड़ने में फ़र्क़ क्या है
दोनों में क़ानून तो टूटता है!

राजपथ और जनपथ के दो रास्ते
कहीं भी मिलते नहीं हैं
चौराहा कैसे बने?
राजपथ का रास्ता
बँगलों की ओर जाता है
जनपथ का झोंपड़ियों को ओर।

मुझे अपने जीवन की चिन्ता कम है
मेरे मृत पिता का भविष्य
अन्धकारमय हो चुका है
या फिर
कि मेरा ख़ुद का भविष्य
(यानी कि मेरे बच्चों का भविष्य)
भी क्षयग्रस्त हो चुका है
मुझे बँगलों के चेहरों की
मेकअप की हुई मुस्कानों से
झोंपड़ियों के अधरों की मुस्कराहटें
कुछ सिकुड़ी-सी क्यों लगती हैं?
पूजाघरों और वेश्याघरों की दूरी
इतनी कम क्यों हो गई है?
अख़बार केवल सूचना देते हैं
जिनका काम ख़बरें देना है!

भाषा

मेरे देश में भाषा
विचारों का नहीं,
वोटों का वाहन बन गई है!
भाषा-शास्त्री नोट कर लें,
कि भाषा का जन्म
विचारों को समझने नहीं,
लादने हुआ था!
प्रेम में तो भावना
इशारों से भाँप ली जाती है,
किन्तु नफ़रत में—
भाषा शस्त्र बन जाती है
विचार को समझने नहीं,
सिर फोड़ने के काम आती है!
भाषा-शास्त्र एक बकवास है,
भाषा-शस्त्र में
सत्य का वास है!

मुक्तक-1

यह सीपी का सैलाब तुम्हें लगता, नादानी है,
मैं ज़िन्दा हूँ, मेरे जीवन की यह पावन निशानी है;
पराये दर्द को महसूस कर जो छलछलाता है,
शुरू होती इसी से आदमियत की कहानी है!

मुक्तक-2

गीला क्यों है? प्रिय! नीलम-सीपी का कोना,
भार दर्द का, यहाँ सभी को पड़ता ढोना!
कठिन बहुत है, दर्द छुपाना इस जीवन का—
इसीलिए, हर घटा चाहती ख़ाली होना!

मुक्तक-3

आज बयाँ करने दो ग़म, केवल जन-जन का,
अंतिम क्षण ही भेद कहूँगा अपने मन का;
प्रिये! घटाएँ जो न बरसतीं, सिर्फ़ उमड़तीं—
उनमें भी सच दर्द बहुत होता जीवन का!

मुक्तक-4

मैं ज़मीं का दर्द घटाओं से ज्ञात करता हूँ;
ख़ुद को परखने मैं ग़ैरों का साथ करता हूँ;
दिल के घाव हरे देख तुम न दहल उठो,
इसलिए, बस इसलिए, मैं हँस के बात करता हूँ!

मुक्तक-5

रात को ख़्वाब में रोटी तेरा दीदार होता है
इश्क़ का नाम सुन अब दिल नहीं बीमार होता है
शमाँ पै मरना भी मुश्किल है, परवाने मगर—
भूख सच भूख होती है, प्यार बस प्यार होता है!

मुक्तक-6

मैं दौलत की दुनिया को दीवाना दिखता हूँ,
जी हाँ हुजूर! सौ बार बिका, फिर बिकता हूँ;
जब-जब रिसते नासूर किसी की आँखों से,
तब-तब फिर क़लम उठाता हूँ फिर लिखता हूँ!

मुक्तक-7

बहुत मजबूर हूँ कि चाह कर भी आ नहीं सकता,
तुम्हारे साथ स्वर्ग प्यार का बसा नहीं सकता;
जमीं पे जब तलक यह भूख है, ग़रीबी है—
प्यार के गीत तेरे वास्ते भी गा नहीं सकता!

मुक्तक-9

ज़िन्दगी सत्य है, तुम स्वप्न, छल या जेल मत समझो,
कला है मुस्कराना, तुम हृदय का मैल मत समझो;
प्रीत कुछ है तो समझौता, हृदय के ग़म उठाने का,
इसी से कह रहा हूँ प्रीत को तुम खेल मत समझो!

मुक्तक-10

कभी दुनिया के मासूम इशारों की तरफ़ मत देखो,
मेहरबानी के लिये चाँद-सितारों की तरफ़ मत देखो;
निभाने साथ आना है भले आओ, लेकिन—
मँझधार में आ करके, किनारों की तरफ़ मत देखो!

मुक्तक-11

जनम ले, मर के लाखों बार यह चोला बदल डाला,
विधायक बन गए तो क्या? भाग्य उनका रहा काला;
ग्रहों के बदलने की प्रतीक्षा, कब तक करे कोई?
जनम फिर हो न हो? इससे उन्होंने दल बदल डाला!

मुक्तक-12

माना ना तुमसे मेरा कोई नाता,
मालूम नहीं मैं तेरा क्या कहलाता?
लेकिन स्मृति के एक स्पर्श से तेरी—
नीलम सीपी में क्यों सागर लहराता?

मुक्तक-13

कहीं और नहीं जन्नत, यह धरती है,
रूह कमज़ोर ही अल्लाह से दुआ करती है,
अपनी मेहनत पै भरोसा नहीं मुझको ऐ नजूमी!
क़िस्मत तो निठल्लों की हुआ करती है!

मुक्तक-14

नई पीढ़ी खड़ी बेकार-सी तकती गगन है,
पेट में कुलबुलाती भूख की पापी अगन है;
ख़ुदकुशी कर रहे हैं दुधमुँहे अरमान अपने,
मगर सरकार अपनी सिर्फ़ मेकअप में मगन है!

मुक्तक-15

श्रृंग नहीं हिमगिरि नीचे से गला करता है,
दीप की मिट्टी न जलती तेल जला करता है;
प्रीति से मुँह मोड़कर, ऐ रूप पे मरने वाले!
प्रीति नहीं ढलती है, रूप ढला करता है!